[小中见大·智慧文丛]

小故事中的大智慧

上帝的笑

张健鹏　胡足青◉主编　　修订版

丰子恺◉绘图

九州出版社
JIUZHOUPRESS

图书在版编目(CIP)数据

上帝的笑/张健鹏，胡足青主编；丰子恺绘.—北京：
九州出版社，2007.4
(小中见大·智慧文丛；3)
ISBN 978-7-80195-649-1

Ⅰ.上… Ⅱ.①张…②胡…③丰… Ⅲ.成功心理学—通
俗读物 Ⅳ.B848.4-49

中国版本图书馆CIP数据核字(2007)第048705号

上帝的笑：小故事中的大智慧

作　　者　张健鹏 胡足青 主编　丰子恺 绘图
责任编辑　姜逸荪
责任校对　赵　建
出版发行　九州出版社
地　　址　北京市西城区阜外大街甲35号(100037)
发行电话　(010)68992190/2/3/5/6
网　　址　www.jiuzhoupress.com
电子信箱　jiuzhou@jiuzhoupress.com
印　　刷　北京才智印刷厂
开　　本　720×1020 毫米　16开
印　　张　16
字　　数　320千字
版　　次　2007年5月第1版
版　　次　2007年5月第1次印刷
书　　号　ISBN 978-7-80195-649-1/B·205
定　　价　26.00元

序言

智慧在此隐藏

——推开虚掩的智慧之门

※

每个人的心灵深处，或许都印刻着这样一幅画面：朗朗的星空下或摇曳的烛光旁，幼小的自己依偎在妈妈或奶奶怀中，入神地听着一个又一个动人的故事。或许是凶恶的大灰狼，或许是美丽的小公主，或许是蠢笨的地主和机智的长工，或许是英俊的王子和善良的灰姑娘……听着听着，孩子进入了梦乡；听着听着，孩子在慢慢成长……

繁忙紧张的现代人忙碌着一项项大事业，那些美丽的故事蒙着灰尘静静地躺在脑海深处。直到有一天，他们抱着自己的小宝宝，才想起去买本童话书，给孩子们讲讲故事。

真的只有孩子们才需要故事吗?

※※

其实，我们干裂的心田更需要一股充满爱与智慧的美丽的清泉。

因为职业的关系，多年来我先后采访过多位成功人士，成功当然都意味着财富、地位。他们在回忆自己成功的经历时，大多会抖落出一两个小故事，有自己亲历困境时的顿悟与体验，更多的是别人的小故事，甚至是流传已久的寓言、童话或民间故事。这些故事给予他们莫大的精神营养，他们从中汲取的信念与智慧对自己的成功有着很重要的作用。他们也经常把这些故事讲给员工、同事及朋友们听：这比讲别的更直接、形象、生动、传神。

我问自己：许多故事也曾经听过或读过，为什么人家就从中找到了成功的支撑，而我却轻易地让它们随风飘去呢?

※※※

因为，智慧在其中隐藏。

智慧是什么呢?

《现代汉语词典》中的解释是：辨析判断、发明创造的能力。如：人民的智慧是无穷的。

词条的定义当然是力求简洁精确。但我想，智慧其实是一种境界，是一种只可意会不可言传的境界：广阔的胸怀、渊博的知识、精明的头脑、机智的反应、敏锐的行动、幽默的语言……智慧无所不在，处处隐藏。不同的人，不同的时空，不同的事物，智慧的表现形式也大不相同，你这样做，他却那般行，没有一个标准答案。

可能任何对智慧的描述与捕捉都是多余和徒劳，所以六祖慧能只是拈花一笑。

※※※※

推开虚掩的智慧之门，捕捉住小故事中的智慧精灵。

你给我讲过一千遍大道理，我耳朵都听出茧子了，从小到大，妈妈和老师都是这么说的，语气神态都差不多，一出门我就给忘了。

你给我讲了一个小故事，一阵清风吹过，不经意间，我的心弦为之颤动，智慧与道理变成一个个可爱的小精灵，都慢慢融化在心里。

有的小故事也许多年前曾听过，有的乍一看觉得平淡无奇，但静下心，带着自己对生命与事业的体验，细细品味，会有全新的感觉。

※※※※※

有许多故事很精彩，可惜太长；有许多故事很精彩，但已流传甚广，只好对其割爱。本书力图为朋友们献上一份精美新鲜的小快餐，滴水藏海，小中见大。在轻松的阅读中，有一份新鲜的感觉，愉悦的享受，不知不觉中，为自己点一盏心灯。

慢慢去读吧，慢慢去做吧，我的朋友，不要让智慧消化不良，融入血液的营养才是真正的收获。

剑 朋

2007年4月北京世纪城

目录

◉ 第一辑 [不凡之处]

◉ 第二辑 [意想不到]

◉ 第三辑［成败之间］

◉ 第四辑 [出奇制胜]

◉ 第五辑 [雕刻灵魂]

◉ 第六辑 [**生活细节**]

◉ 第七辑［爱的家园］

◉ 第八辑［生命良方］

◉ 第九辑 [上帝的笑]

◉第一辑

【不凡之处】

一 双 鞋

| 王国华

在火车将要启动的时候，一个人急匆匆地踏上车门，可是他的一只脚被门夹了一下，鞋子掉了下去。火车开动了，这个人毫不犹豫地脱下另一只脚上的鞋子朝第一只鞋子掉下去的方向扔了下去。

有人奇怪地问他为什么要这样做。他说:“如果一个穷人正好从铁路旁经过，他就可以捡到一双鞋，这或许对他很有用。”这个人叫甘地，在印度，他被尊称为“圣雄”。

[书外人语] 一个人的伟大，首先是灵魂的伟大，其次才是才华的出众以及取得的成就。

敌人与朋友

林肯做为美国总统，他对政敌的态度引起了一位官员的不满。他批评林肯不应该试图跟那些人做朋友，而应该消灭他们。

“当他们变成我的朋友时，”林肯十分温和地说,“难道我不是在消灭我的敌人吗?”

[书外人语] 可惜的是，这世界上太多的人只知道从肉体上消灭敌人。

华盛顿“报仇”

1754年，身为上校的华盛顿率领部下驻防亚历山大市。当时正值弗吉尼亚州议会选举议员，有一个名叫威廉•佩恩的人反对华盛顿所支持的候选人。

据说，华盛顿与佩恩就选举问题展开激烈争论，说了一些冒犯佩恩的话。佩恩火冒三丈，一拳将华盛顿打倒在地。当华盛顿的部下跑上来要教训佩恩时，华盛顿急忙阻止了他们，并劝说他们返回营地。

第二天一早，华盛顿就托人带给佩恩一张便条，约他到一家小酒馆见面。

佩恩料想必有一场决斗，做好准备后赶到酒馆。令他惊讶的是，等候他的不是手枪而是美酒。

华盛顿站起身来，伸出手迎接他。华盛顿说：

“佩恩先生，人非圣贤，谁能无过。昨天确实是我不对，我不可以那样说，不过你已然采取行动挽回了面子。如果你认为到此可以解决的话，请握住我的手，让我们交个朋友。”

从此以后，佩恩成为华盛顿的一个狂热崇拜者。

[书外人语] 你打我一拳，我必定想方设法还你两脚，即使是好汉不吃眼前亏，也必当日后补上——大多数人都会这样想。这样做只能使对抗升级而无助于解决问题，更不管是谁对谁错了。

人多势众

爱因斯坦创建相对论之后，科学界褒贬不一。1930年，德国出版了一本批判相对论的书，书名叫做《一百位教授出面证明爱因斯坦错了》。

爱因斯坦知道后，禁不住哈哈大笑。他说道:“一百位，干吗要这么多人?只要能证明我真的错了，哪怕一个人出面也足够了。”

［书外人语］真理只认可科学的推理与事实，与人数无关。社会活动中我们必须正视“群众的力量”，科学研究中“人海战术”并不能奏效。

一件旧大衣

一天，爱因斯坦在纽约的街道上遇见一位朋友。

“爱因斯坦先生，”这位朋友说，“你似乎有必要添置一件新大衣了。瞧，你身上这件多旧啊。”

“这有什么关系?反正在纽约谁也不认识我。”爱因斯坦无所谓地说。

几年后，他们又偶然相遇。这时，爱因斯坦已然誉满天下，却还穿着那件旧大衣。他的朋友又建议他去买一件新大衣。

“这又何必呢?”爱因斯坦说，“反正这儿每个人都已经认识我了。”

［书外人语］如果爱因斯坦脑子中总装着诸如该穿什么大衣、该给别人留下什么印象之类的事儿，那也就不会有相对论了。

死　　刑

古希腊大哲学家苏格拉底被当权者判处了死罪，其罪名是传播异说、败坏风俗、反对民主等。当权者没有采取绞死他的方式，也没有采取砍下他脑袋的方式。而是让他喝下一杯毒药水，让他体面而无痛苦地死去。

临刑之前，一个女人突然跑到他跟前，伤心地哭泣道："我真伤心，你什么罪也没犯，可他们就要处死你了。"

"傻大姐，"苏格拉底笑着说，"难道你希望我犯罪，做一个真正的罪犯死去才值得吗?"

［书外人语］因思想而被判刑定罪，是思想家们的悲哀，也是人类的悲哀，但从另一角度说，也是思想家们的骄傲，因为他们肯定最深刻地触动了专制者的利益。

光荣的借款

居里夫人在读书时生活极为贫困。后来，因为她刻苦学习，成绩优异，波兰的"亚历山大基金会"颁发给她600卢布奖学金，以资助她在法国继续深造。

四年后，居里夫人在研究钢铁的磁化技术方面获得了成功，法国科学协会发给她一笔酬金。尽管她当时生活仍很贫困，但她除了用这笔钱购置了一些实验仪器外，把余下的金额全部寄给了“亚历山大基金会”。

她在附信中说:“我把你们的奖学金当做光荣的借款，它帮助我获得初步荣誉。借款理应归还，请把它发给另一个生活贫寒，而又立志争取更大荣誉的波兰青年。”

[书外人语] 人与社会之间应有这样一种良好的互动机制：社会能够有效地帮助需要帮助的人，而最大限度地回报社会、帮助更多需要帮助的人又应成为成功人士的目标。居里夫人为整个世界树立了一个榜样。

家具问题

居里夫妇结婚时，他们的会客室里，只摆着一张简单的餐桌和两把椅子。后来，居里的父亲来信对他们说，他准备送给他们一套家具，问他们需要些什么样的家具。

看完信后，居里若有所思地说:“有了沙发和软椅，就需要人去打扫，在这方面花费时间未免太可惜了。”

居里对新婚妻子说:“不要沙发可以，我们只有两把椅子，再添一把怎么样?客人来了也可以坐坐。”

“要是爱闲谈的客人坐下来，又怎么办呢?”居里夫人提出反对意见。

最后他俩决定，不再添置任何家具了。

[书外人语] 简单的物质生活其实有助于纯净灵魂和寻找智慧，你信吗?

前　　卫

西班牙著名画家毕加索一生都是在不倦地、无畏地探索和进取，因此有人称他是艺术的前卫。

对做“前卫”的苦处，知道的最清楚的，莫过于毕加索自己了。他深有感触地说：

“前卫就是受到从后面来的攻击比从前面来的多得多。”

[书外人语] 走在前面的人总会受到来自后边的人的攻击，但要想取得出众的成就，我们必须有走在前面的勇气。

胸　　怀

毕加索对冒充他作品的假画毫不在乎，从不追究，最多只是把伪造的签名涂掉。有人不解地问他为什么这样。毕加索说：

“做假画的人不是穷画家就是老朋友。我是西班牙人，不能和老朋友为难，穷画家朋友们的日子也不好过。再说，那些鉴定真迹的专家也要吃饭。那些毕加索假画使许多人有饭吃，而我也没有吃亏，为什么要追究呢?”

[书外人语] 这段话除了说明毕加索悲天悯人的胸怀之外，也表现了他的聪明之处：如他一味地去“打假”，只能使自己陷入大量的事务性纠纷之中，徒增烦恼，而没有时间、精力、心情去追求创作上的突破。

新闻自由

德国科学家巴伦·亚历山大·冯·洪保尔特拜访美国总统杰弗逊时，在总统的书房里看到一张报纸，上面满是对总统的辱骂攻击之辞。巴伦拿起报纸，愤愤地说:“为什么让这些谣言泛滥?为什么不取消这家报纸?至少也该重罚编辑，把这家伙投进监狱。”

杰弗逊微笑着回答说:“把报纸装到你的口袋里，巴伦。如果有人对我们自由的现实和新闻自由有怀疑，你可以拿出这张报纸，并告诉他们你是在哪里见到的。”

[书外人语] 我坚决反对你所说的话，但我誓死捍卫你说话的权利——这是对新闻自由最好的注解。

绅士风度

有一天，杰弗逊和他的孙子驾着马车出去。在路上，他们碰上一个陌生的奴隶脱帽向他们行鞠躬礼。杰弗逊举起帽子还了个礼，但他的孙子忙着和别人讲话，没有理会那个奴隶。

杰弗逊严肃地说:“托马斯，难道你允许一个奴隶比你更有绅士风度吗?”

[书外人语] 没有任何理由可以慢待一个向你表示敬意的人，尽管你看起来很高贵，他看起来很贫穷。

失盗以后

一次，富兰克林•罗斯福（曾任美国第32任总统）家中失盗，被偷去很多东西。他的朋友写信安慰他。罗斯福给朋友写了一封回信：

“亲爱的朋友，谢谢你来信安慰我，我现在很平安。感谢上帝。因为：第一，贼偷去的是我的东西，而没有伤害我的生命；第二，贼只偷去我部分东西，而不是全部；第三，最值得庆幸的是，做贼的是他，而不是我。”

[书外人语] 看来，伟人身上也有些“阿Q”式的性格，这种精神胜利法最积极的因素就是在任何不利中都要看到好的一面。

巧妙的批评

约翰•卡尔文•柯立芝于1923年登上美国总统宝座。这位总统以少言寡语出名，常被人们称作“沉默的卡尔”，但他也有出人意料的时候。

柯立芝有一位漂亮的女秘书，人虽长得不错，但工作中却常粗心出错。一天早晨，柯立芝看见秘书走进办公室，便对她说：“今天你穿的这身衣服真漂亮，正适合你这样年轻漂亮的小姐。”

这几句话出自柯立芝口中，简直让秘书受宠若惊。柯立芝接着说：“但也不要骄傲，我相信你的公文处理也能和你一样漂亮的。”果然从那天起，女秘书在公文上很少出错了。

一位朋友知道了这件事，就问柯立芝："这个方法很妙，你是怎么想出来的？"

柯立芝得意洋洋地说："这很简单，你看见过理发师给人刮胡子吗？他要先给人涂肥皂水，为什么呀，就是为了刮起来使人不痛。"

[书外人语] 在不改变药效的情况下，给苦药加点糖。

"小胡子魔鬼"

斯大林给人的形象就是蓄着小胡子，叼着烟斗。有一次，红军将领朱可夫又与斯大林发生争执，他从斯大林办公室出来时，怒气冲冲地说了一句："小胡子魔鬼。"

正在接待室的克格勃头子贝利亚恰好听到了这句话，连忙走进斯大林的办公室，把这话告诉了斯大林。斯大林让人把朱可夫叫了回来。

"朱可夫同志，您从我的办公室出去时，说了一句'小胡子魔鬼'，您是在说谁？"

"希特勒！我还能说谁呢？斯大林同志。"

"贝利亚同志，而您又是在说谁呢？"

[书外人语] 爱打小报告者均是些低级趣味的人，也只有低级趣味的领导者才会喜欢这些人。

塑　像

在第二次世界大战中，丘吉尔对英伦之护卫有卓越功勋。战后在他退位时，英国国会拟通过提案，塑造一尊他的铜像，置于公园，令众人景仰。

一般人享此殊荣，高兴还来不及，丘吉尔却一笑回绝。他说：

“多谢大家的好意，我怕鸟儿喜欢在我的铜像上拉粪，还是请免了吧。”

[书外人语] 伟大的人物、不世的功勋只有靠人心才记得住。建造塑像，不见得会使你的形象更加伟大，除了鸟儿在上边拉粪外，也许有一天还会有碍观瞻呢。

小“总统”

1983年11月1日，里根总统的办公室里请进了一位小客人。他叫比利，只有7岁。小比利患了一种绝症，医生说他不会活过10岁的生日。但是小比利心中却有一个美好的梦想——当美国总统。

里根总统得知此事后，决定让小比利临时当一天美国总统，而自己则做这位小“总统”的助手。

里根向“新总统”详细介绍了日常工作和职务范围，随后就忠实地侍候在小比利的身边。部下呈上的文件，小“总统”都请里根参加讨论，取得一致意见后，请里根代签并盖章。在办公之余，里根与小“总统”进行了友好的交谈。里根告诉比利，他自己7岁时，只梦想成为一名消防队长，还未曾想到过当总统。小比利听到这些很高兴，当然更让他高兴的是他终于“实现”了他的总统梦。

［书外人语］美国总统毫无疑问是世界上最有权势和最忙碌的人之一，但里根却能安排出一天时间，以这样一种方式帮助他的一位普通公民——7岁的小孩实现梦想。这种行为不知是否令某些自称“公仆”的官员汗颜?

过失与责任

|草 雷

1920年，有个11岁的美国男孩踢足球时，不小心打碎了邻居家的玻璃。邻居向他索赔12.5美元。在当时，12.5美元是笔不小的数目，足足可以买125只生蛋的母鸡！闯了大祸的男孩向父亲承认了错误，父亲让他对自己的过失负责。

男孩为难地说:“我哪有那么多钱赔人家?”父亲拿出12.5美元说:“这钱可以借给你，但一年后要还我。”

从此，男孩开始了艰苦的打工生活，经过半年的努力，终于挣够了12.5美元这一“天文数字”，还给了父亲。这个男孩就是日后成为美国总统的罗纳德·里根。他在回忆这件事时说，通过自己的劳动来承担过失，使我懂得了什么叫责任。

［书外人语］天下父母都望子成龙。但仅有期望是远远不够的,“成龙”的过程是一个艰辛的过程，首先要求父母具有一定的教育艺术。

别自鸣得意

要别人听取你的意见，你先要了解同情别人；同样的，你得遂心愿后，也该为别人着想。如果你不顾别人颜面，就可能会毁去你努力争取到的成绩。

美国总统肯尼迪深明此理。1962年10月经过两周的紧张谈判后，苏联领导人赫鲁晓夫同意，如果肯尼迪答应不进攻古巴，他就从古巴撤走所有的导弹，因而得以化解古巴导弹危机。据肯尼迪的顾问修多尔·索仑森说，肯尼迪接着“便向大家指示，要不自夸，不自满，甚至不说取得胜利。我们能够赢是因为我们保全了赫鲁晓夫的面子——我们现在也不该羞辱他”。

［书外人语］人都说中国人爱面子是世界闻名的，但绝不是只有中国人爱面子，“面部神经”通常是最敏感的。

巴尔扎克的手杖

张玉庭

世界大文豪巴尔扎克本是学法律的，可大学毕业后偏偏想当作家，全然不听父亲让他当律师的忠告，把父子关系弄得十分紧张。不久，父亲便不再向他提供任何生活费用，他写的那些玩意儿又不断地被退了回来，他陷入了困境，开始负债累累。最困难的时候，他甚至只能吃点干面包喝点白开水。但他挺乐观，每当就餐，他便在桌子上画一只只盘子，上面写上“香肠”、“火腿”、“奶酪”、“牛排”等字样，然后在想象的欢乐中狼吞虎咽。

更发人深省的是，也正是这段最为“狼狈”的日子里，他破费700法郎买了一根镶着玛瑙石的粗大的手杖，并在手杖上刻了一行字：我将粉碎一切障碍。

正是这句气壮山河的名言在支持着他。后来的事实表明，他果然成功了。

［**书外人语**］一个人如果明白他想要什么并有坚强的斗志，那么整个世界都会为他让路。

鼓　　励

[美] 尼德·昆比思

美国大文豪霍桑未成名前是个海关的小职员，有天他垂头丧气地回家对太太说他被炒鱿鱼了。他太太苏菲亚听了不但没有不满的表情，反而兴奋地叫了起来:“这样你就可以专心写书了。”

“是呀，”霍桑一脸苦笑地答道，“我光写书不干活，我们靠什么吃饭呀?”

这时苏菲亚打开抽屉，拿出一叠为数不少的钞票。

“这钱从哪里来的?”霍桑张大嘴，吃惊地问。

“我一直相信你有写作的才华，”苏菲亚解释道，“我相信有一天你会写出一部名著，所以每个星期我都把家庭费用省一点下来，现在这些钱够我们活一年了。”

有了太太在精神与经济上的支持，霍桑果真完成了美国文学史上的巨著——《红字》。

[书外人语] 像苏格拉底、林肯等因“坏”老婆而成功的人古今中外都屈指可数，娶个好老婆看来确实是迈向成功的第一步。

失败者的荣誉

|王开岭

1945年9月2日，日本投降仪式在美舰“密苏里”号上举行。上午9时，占领军最高司令道格拉斯·麦克阿瑟将军出现在甲板上，这是一个令全世界为之瞩目和激动的伟大场面。面对数百名记者和摄影师，麦克阿瑟突然做出了一个让人吃惊的举动，有记者这样回忆那一历史时刻：

“陆军五星上将麦克阿瑟代表盟军在投降书上签字时，突然招呼陆军少将乔纳森·温斯特和陆军中校亚瑟·帕西瓦尔，请他们过来站在自己身后。1942年，温斯特在菲律宾、帕西瓦尔在新加坡向日军投降，两人都是刚从战俘营里获释，然后乘飞机匆匆赶来的。”

可以说，这个举动几乎让所有在场的人都惊讶，都嫉妒，都感动。因为他们现在占据着的，是历史镜头前最显要的位置，按说该属于那些战功赫赫的常胜将军才是，现在这巨大的荣誉却分配给了两个在战争初期就当了俘虏的人。

麦克阿瑟为什么会这样做?其中大有深意：两人都是在率部苦战之后，因寡不敌众，没有援兵，且在接受上级旨意的情势下，为避免更多青年的无谓牺牲，才忍辱负重放弃抵抗的。在记录当时情景的一幅照片中，两位“战俘”面容憔悴，神情恍惚，和魁梧的司令官相比，体态瘦薄得像两株生病的竹子，可见在战俘营没少遭罪吃苦。

然而，在这位麦克阿瑟将军眼里，似乎仅让他们站在那儿还嫌不够，他做出了更惊人的举动——

“将军共用了五支笔签署英、日两种文本的投降书。第一支笔写完‘道格’即回身送给了温斯特，第二支笔续写了‘拉斯’之后送给帕西瓦尔，其他的笔完成所有手续后分赠给美国政府档案馆、西点军校(其母校)和其夫人……”

麦克阿瑟可谓用心良苦，他用特殊的荣誉方式向这两位尽职的落难者表示尊敬和理解，向他们为保全同胞的生命而做出的个人名望的巨大牺牲和所受苦难表示感谢……

[书外人语] 太多的人缺乏对“战俘”应有的尊重和理解，而片面地强调用无谓的牺牲去换取面子上的安慰。其实很多时候我们更应该尊重人的生命，况且战俘绝不是叛变投敌。有勇气走上战场的人都梦想成为英雄，也都为国家尽了责任与义务，无奈的战俘也是英雄。

角度不同

发明家爱迪生想从植物体中找出天然橡胶的新原料，做了无数次的实验。当他在第五万次实验失败后，他的助手泄气地对他说:“爱迪生先生，我们已经做了五万次的实验了，都毫无结果。”

“有结果!”爱迪生热切地叫出声来。“我们有了不起的结果呀，我们现在已经知道有五万种东西是不行的!”

[书外人语] 看问题的角度不同，结论就不同，心情就不同。

实验室外的居里夫人

| 子辰

每个人的人生都是不同的。当人们走完了人生的旅途，就有些佼佼者被世人誉为不平凡的人了。居里夫人就是其中之一。她那美好的心灵，崇高的思想境界，表现在许多方面。

“吝啬”的富人

从1933年起，居里夫人的年薪已增至4万法郎，但她照样“吝啬”。她每次从国外回来，总要带回一些宴会上的菜单，因为这些菜单都是很厚很好的纸片，在背面写写物理、数学算式，方便极了。她的一件毛料旅行衣，竟穿了一二十年之久。有人说居里夫人一直到死“总像一个匆忙的贫穷妇人”。

有一次，一位美国记者追踪这位著名学者，走到村子里一座渔家房舍门前，他向赤足坐在门口石板上的一位妇女打听居里夫人，当她抬起头时，记者大吃一惊——原来她就是居里夫人!

不要专利

居里夫妇发现镭后，世界各地纷纷来信索求制镭的方法。怎样处理这件事呢?某星期日的早晨，他们进行了5分钟的谈话。彼埃尔•居里平静地说:“我们必须在两种决定之中选择一个。一种是毫无保留地叙述我们的研究结果，包括提炼办法在内……”居里夫人做了一个赞成的手势说:“是，当然如此。”彼埃尔继续说:“或者我们可以以镭的所有者和发明者自居。若是这样，那么，在你发表你用什么方法提炼铀沥青矿之前，我们须先取得这种技术的专利执照，并且确定我们在世界各地选镭业上应有的权利。”

“专利”代表着巨额的金钱、舒适的生活，代表着传给子女一大笔遗产……但居里夫人坚定地说:“我们不能这样办，这违背科学精神。”

不求名利

居里夫人天下闻名，但她既不求名也不求利。不相识的人问她："你是居里夫人吗?"她总是平静地回答:"不是，你认错了。"她出名以后，几乎每天都要收到世界各地慕名者要求签名的来信。为了摆脱这种干扰，她专门印了一种写着概不签名的卡片，每逢接到来信，就给对方寄一张……她一生获得各种奖金10次，各种奖章16枚，各种名誉头衔117个，却给人一种全不在意的印象。

有一天，她的一位女友来她家做客，忽然看见她的小女儿正在玩英国皇家学会的奖章。

于是她说:"这是极高的荣誉，你怎么能给孩子玩呢?"居里夫人笑了笑说:"是我想让孩子从小就知道，荣誉就像玩具，只能玩玩而已，绝不能永远守着它，否则就将一事无成。"

修改证书

1921年，居里夫人应邀访问美国时，美国妇女组织主动捐赠给她1克镭(价值百万美元以上)，这正是她急需的。她虽然是镭的发现者，但她买不起这样昂贵的金属。

在赠送仪式之前，当她看到"赠送证明书"上写着"赠给居里夫人"字样时，她不高兴了。她声明说:"这个证书还需要加以修改。美国人民赠给我的这1克镭应当永远属于科学，但是假如就这样规定，这1克镭就成为私人财物，成为我的女儿们的产业，这是绝对不行的。"

主办者当天晚上就请了一位律师，把证书做了修改，居里夫人才在"赠送证明书"上签了字。

贤妻良母

居里夫人一生潜心于放射性物质的研究，达到了个人事业的顶峰，是一位成功的事业型"女强人"。然而，她同时也是一位贤妻良母。

她一生对丈夫体贴入微，死后与丈夫合葬，她自己没有墓碑，仅在丈夫的墓碑上刻下一行小字，说明自己的身份。她对孩子们要求很严格，她曾自豪地说:“我没有给孩子们留下万贯家产，但给他们留下了健康的身体。”后来她的两个女儿，一个荣获了诺贝尔化学奖，一个曾著《居里夫人传》，都成为对社会有杰出贡献的人。

[书外人语] 伟人必有不凡之处，但却皆出于平凡。

认真的米开朗基罗

米开朗基罗是一位杰出的艺术大师，他无论雕刻或是绘画，速度都很慢，总是花许多时间在那里沉思、推敲、琢磨，力求作品的完美。

有一次，友人拜访米开朗基罗，看见他正为一个雕像做最后的修饰。然而过了一段日子，友人再度拜访，看见他仍在修饰那尊雕像。

友人责备他说:“我看你的工作一点都没有进展，你动作太慢了。”

米开朗基罗说:“我花许多时间在整修雕像，例如让眼睛更有神、肤色更亮丽、某部分肌肉更有力等等。”

友人说:“这些都只是一些小细节啊!”

米开朗基罗说:“不错! 这些都是小细节，不过把所有的小细节都处理妥当，雕像就变得完美了。”

[书外人语] 任何的完美都是由细节上的完美组合而成的。

大仲马的优点

大仲马在成名前，穷困潦倒。有一次，他跑到巴黎去拜访他父亲的一位朋友，请他帮忙找个工作。

他父亲的朋友问他："你能做什么?"

"没有什么了不得的本事，老伯。"

"数学精通吗?"

"不行。"

"你懂得物理吗?或者历史?"

"什么都不知道，老伯。"

"会计呢？法律如何?"

大仲马满脸通红，第一次知道自己太不行了，便说："我真惭愧，现在我一定要努力补救我的这些缺点。我相信不久之后，我一定会给老伯一个满意的答复。"

他父亲的朋友对他说："可是，你要生活啊?将你的住处留在这张纸上吧。"大仲马无可奈何地写下了他的住址。他父亲的朋友见了大仲马的字后，高兴地叫着说："你终究有一样长处，你的名字写得很好呀!"

大仲马备受鼓舞，从此后就坚定地踏上了文学之旅，并终于成为一代文豪，震动法国，震动世界。

[书外人语] 是的，名字能写好也是优点，虽然这优点有点微不足道，但你可以以此为基础，扩大你的优势范围：名字能写好，字也就能写好；字能写好，文章也就能写好。在这个世界上，谁都不会一无是处，只要善于挖掘自己的"宝藏"，每个人都能创造奇迹。

第二辑

【意想不到】

垃圾的作用

|汤 涛

美国雪佛隆公司是家专门生产饮料的企业。在产品打入亚利桑那州土珊市之前，该公司先委托亚利桑那大学人类学教授威廉·雷兹对该市的饮料市场进行研究。

一年之后，威廉·雷兹教授指着一大堆垃圾，按照垃圾原产品的分类、名称、重量、数量、包装，对雪佛隆公司的老板说："垃圾袋绝不会说谎和弄虚作假，什么样的人丢什么样的垃圾，查看人们所丢弃的垃圾，是一种最有效的行销研究方法。"他通过对土珊市的垃圾进行研究，获得了有关当地食品消费情况的信息，为雪佛隆公司做了这样的分析：

一、劳动者阶层所喝的进口啤酒比收入高的阶层多；

二、中等阶层人士比其他阶层消费的食物更多，因为双职工都要上班，而且太匆忙了，以致没有时间处理剩余的食物。依照垃圾的分类重量计算，所消费的食物中，有15%是还可以吃的好食品；

三、通过对垃圾内容的分析，了解到人们消费各种食物的情况，得知减肥清凉饮料与压榨的橘子汁属高层收入人士的良好消费品。

雷佛隆公司老板把这份报告当做教科书，并且依据威廉·雷兹教授的调查结果制定饮料的产销战略。最后的结果是威廉·雪兹教授成为雪佛隆公司的英雄，雪佛隆公司成了利润的英雄。

[书外人语] 面对这个案例，曾主持过多项市场调查的我目瞪口呆。当时我们总是在问人们：你怎么做的，你怎么想的……尽管知道人们会为了各种目的而说谎，但我们仍乐此不疲，设计、散发着种种调查问卷，有些统计结果甚至我们自己都难以置信。市场的真实信息在哪里呢?看来只有有智慧的人才能找得到。

長堤樹老閱人多
子愷畫

小故事中的大智慧　[小中见大☺智慧文丛]

总会有另一种观点存在

|王岩松 译

阿甘死后，升入天堂，在天堂入口——珍珠之门，他遇到了圣徒彼得。

彼得对他说:“很高兴见到你，阿甘，我们已经听到了许多赞扬你的话。但我不得不告诉你，这里已是人满为患，因此每个想进入天堂的人都得接受一次测验，通过测验的人才可以进入天堂。”

阿甘说:“彼得，能来这里我很高兴。不过没有人告诉我测验，但我还是希望能通过测验。但愿题目不要太难，毕竟生活本身就已经是一次足够难的测验了。”

彼得说:“我知道，阿甘。测验不是很难，只有三个问题:

1.一个星期中有哪几天是以字母‘T’开头的?

2.一年有多少秒(Seconds)?

3.上帝的名字是什么?”

阿甘带着这几个问题离开了。第二天，他找到彼得，要回答问题。彼得向他挥了挥手说:“现在你还有机会再想一想，然后回答我。”

阿甘说:“不必了。你的第一个问题太简单了，答案就是今天（Today）和明天(Tomorrow)。”

彼得的眼睛睁得大大的，喊道:“阿甘，这可不是我意料中的答案。不过你言之有理，我想我没有把问题说清楚，好吧，我同意你的答案是正确的。”

“下一个问题呢?一年有多少秒(Seconds)?”

“这个有点难，”阿甘说,“我想了又想，觉得答案应该是‘12’。”

彼得惊得目瞪口呆:“‘12’！天啊，你怎么能说一年只有12秒?”

阿甘说:“是的，是‘12’，它们是1月2日（January Second)、2月2日(February Second)、3月2日(March Second)……”

“好了，好了，”彼得打断阿甘，“我知道你是怎么想的了，我明白你的意思了，这个答案又出乎我的意料。不过我还是算你对了。让我们来看最后一个问题，你能说出上帝的名字吗?”

“安迪(Andy)!”阿甘回答说。

彼得问:“你怎么知道上帝的名字是安迪?”阿甘说:“你知道的，我们在教堂里常唱的那支歌:‘安迪与我散步，与我谈话。’(Andy Walks with me,Andy talks with me)”

由此得出，总是会有另一种观点存在。对同一个问题，你与别人的看法不同，这并不证明你是错的。

[书外人语] 生活不一定就有惟一的标准答案，世界不一定有惟一的终极真理。我们不应以“非对即错”的简单思维去分析这个多元化的世界。

第一人格

|猛 醒

一个乞丐来到一个庭院，向女主人乞讨。这个乞丐很可怜，他的右手连同整条手臂断掉了，空空的袖子晃荡着，让人看了很难过，碰上谁都会慷慨施舍的，可是女主人毫不客气地指着门前一堆砖对乞丐说:“你帮我把这砖搬到屋后去吧。”

乞丐生气地说:“我只有一只手，你还忍心叫我搬砖。不愿给就不给，何必捉弄人呢?”

女主人并不生气，俯身搬起砖来。她故意只用一只手搬了一趟说:“你看，并不是非要两只手才能干活。我能干，你为什么不能干呢?”

乞丐怔住了，他用异样的目光看着妇人，尖突的喉结像一枚橄榄上下滑动了两下，终于他俯下身子，用他那惟一的一只手搬起砖来，一次只能搬两块。他整整搬了两个小时，才把砖搬完，累得气喘如牛，脸上有很多灰尘，几绺乱发被汗水濡湿了，歪贴在额头上。

妇人递给乞丐一条雪白的毛巾。乞丐接过去，很仔细地把脸和脖子擦一遍，白毛巾变成了黑毛巾。

妇人又递给乞丐20元钱。乞丐接过钱，很感激地说:“谢谢你。”

妇人说:“你不用谢我，这是你自己凭力气挣的工钱。”

乞丐说:“我不会忘记你的，这条毛巾也留给我作纪念吧。”说完他深深地鞠一躬，就上路了。

过了很多天，又有一个乞丐来到这庭院。那妇人把乞丐引到屋后，指着砖堆对他说：把砖搬到屋前就给你20元钱。这位双手健全的乞丐却鄙夷地走开了，不知是不屑那20元还是别的什么。

妇人的孩子不解地问母亲:“上次你叫乞丐把砖从屋前搬到屋后，这次你又叫乞丐把砖从屋后搬到屋前。你到底想把砖放在屋后，还是放在屋前?”

母亲对他说:“砖放在屋前和放在屋后都一样，可搬不搬对乞丐来说可就不一样了。”

此后还来过几个乞丐，那堆砖也就在屋前屋后来回了几趟。

若干年后，一个很体面的人来到这个庭院。他西装革履，气度不凡，跟那些自信、自重的成功人士一模一样，美中不足的是，这人只有一只左手，后边是一条空空的衣袖，一荡一荡的。

来人俯下身用一只独手拉住有些老态的女主人说:“如果没有你，我还是个乞丐，可是现在，我是一家公司的董事长。”

妇人已经记不起来是哪一位了，只是淡淡地说:“这是你自己干出来的。”

独臂的董事长要把妇人连同她一家人迁到城里去住，做城市人，过好日子。

妇人说:“我们不能接受你的照顾。”

“为什么?”

“因为我们一家人个个都有两只手。”

董事长伤心地坚持着:“夫人，你让我知道了什么叫人，什么是人格，那房子是你教育我应得的报酬!”

妇人终于笑了:“那你就把房子送给连一只手都没有的人吧。”

是的，所有的哲学家对人格的认同都是一致的：第一是劳动，第二是思考。可是我们放眼望去，或者巡视周遭，是不是每个人都具备这两条基本品格呢?那些为人父母者是不是清晰地知道孩子在成人之前应该教给他什么呢?

[书外人语] 我不是没有同情心，但不会轻易给乞丐钱，相反，我可以为劳动付报酬之外的奖金小费。对任何有劳动能力的人而言，劳动是生存的第一理由。

一和十万

|袁 萍

一个欧洲观光团来到非洲一个叫亚米亚尼的原始部落。部落里有位老者，穿着白袍盘着腿安静地在一棵菩提树下做草编。草编非常精致，它吸引了一位法国商人。他想：要是将这些草编运到法国，巴黎的女人戴着这种小圆帽和挎着这种草编的花篮，将是多么时尚多么风情啊! 想到这里，商人激动地问：这些草编多少钱一件?

“10比索。”老者微笑着回答道。

天哪! 这会让我发大财的，商人欣喜若狂。

“假如我买十万顶草帽和十万个草篮，那你打算每一件优惠多少钱？”

“那样的话，就得要20比索一件。”

“什么？”商人简直不敢相信自己的耳朵！他大喊着问：“为什么？”

“为什么？”老者也生气了，“做十万件一模一样的草帽和十万个一模一样的草篮，它会让我乏味死的。”

商人还是不能理解，因为在追逐财富的过程中，许多现代人忘了生命里金钱之外的许多东西。或许，那位荒诞的亚米亚尼老者才真正参悟了人生的真谛。

[书外人语] 人生需要金钱，更需要快乐，有了金钱也许会有更多的快乐，但用快乐去换取金钱可能就不值得了。

一个孤独的人

[美]威廉·巴克莱

前些时，我外出旅行，住在青年会的宿舍里，在布告板上看见一张十分吸引人的剪报，是从加拿大出版的一份报纸上剪下来的。作者没有署名，题目是《一个孤独的人》，内容如下：

这个人出生在很少为人知的小村落，父母都是犹太人，母亲是个农家女。他在另外一个小村庄里长大，在木匠的店里工作。30岁后开始旅行布道3年之久。

他没有写过一本书，没有担任过什么职务，也没有一所属于自己的房屋，没有自己的小家。他从没有进过大学，也不曾涉足大城市。足迹所到的地方，离他出生地最远不逾两百英里。一切和伟大的人物和伟大有密切关系的东西，他全没有；他连一张证书也没有，有的只是他自己。

这世界没有给他丝毫，除了他的身体。年纪很轻的时候，大家就看不起他，反对他。他的朋友抛弃他，其中还有一个出卖了他。他被交到敌人手中，受审判，被人讥笑、嘲弄。

他被钉在一个木头的十字架上，钉在两个强盗当中。他在世上拥有的惟一的一件外衣，被执刑士兵拈阄来分。他死后被人从十字架上取下来，埋葬在一个借来的坟墓里。这个坟墓是他的一个朋友让出来的。

一千九百多年后的今天，他已成为人类的中心，世界进步的动力。我敢说，把全世界所有的陆军、海军，所有议会的议员，所有统治过人类的帝王，都加起来，对地球上人类生活的影响力，远远不及这个孤独的人。

这是耶稣一生相当华丽的描写。

[书外人语] 对于大多数中国老百姓而言，“耶稣”可能是个比较遥远的名词，或仅是一个宗教派别的代名词。笔者本人对之也知之甚少，不敢妄言，在此只是想把这篇文章推荐给大家一阅。

树的价值

|张锐锋

印度的一位教授曾经用他的神奇计算，找到了一棵树的价值。他用了各种公式，得出的结论是，一棵生长50年的树，一年对人类的贡献高达十几万美元。其中产生的氧气价值是3.12万美元，防止大气污染价值是6.25万美元，防止土壤侵蚀、增加肥力的价值是3.125万美元，涵养水分等价值是2500美元。

我想，这位印度教授的计算在向我们指出一棵树的价值的同时，也让我们看到了人类的思想悲剧——他们将一切换算成钞票的面值，人们正是以这样的理由去毁灭环境的。

[书外人语] 尽管一棵树的“价值”比一座房都贵，可人们还是砍树去盖房。因为树的价值是对地球和全人类而言，而房子却是我个人的。也许只有到失去地球时，人们才会怀念树。

林肯拒绝借款

林肯同父异母的兄弟约翰斯顿写信给他，告诉他自己“破产”了，在伊利诺伊州科尔斯县的家庭农场“经营压力很大”，所以需要借一笔钱。在我们今天看来，林肯的答复完全对得起他兄弟的要求，他在回信中指出:“这种无益的浪费时间，就是造成困难的全部原因。”培养辛勤工作的习惯比得到一笔借款远为重要。让我们来看这封回信的全文。

亲爱的约翰斯顿:

很遗憾，我并不认为满足你80元钱借款的要求是一个好主意。以前，每当我帮了你一个大忙，你总会说:“这下好了，我们不会有问题了。”可过不了多久，你又会陷入同样的困难中。既然这种情况一再发生，那就只能从你自身行为的缺陷中去寻找原因了。你的缺陷在哪里呢?我觉得我应该略知一二的。你不懒，但你仍然是个游手好闲的人。我怀疑，自我上次见了你后，你有没有干很多的事，因为你看不到从工作中可以得到很多东西。

这种无益的浪费时间，就是造成困难的全部原因。你应该改掉这个习惯，这对你，甚至对你的孩子都有非常重要的意义。为什么对你的孩子们有更重要的意义呢?这是因为他们的生命时间还更长，当他们开始人生的旅途时就抛弃这种游手好闲的习惯，比他们开始人生旅途后再去想办法克服要容易得多。

现在你急需一些现钱，但我只能给你一个忠告：马上就去工作，为能给你的劳动付出合适报酬的人“尽你所能”。

让父亲和你的孩子照管家里的一切——种种地，照看庄稼，你出去工作，找一份报酬好的工作，或者去以工抵债。为了确保你能得到合适的报酬，我在这里向你保证，从今天开始到明年5月1日为止，你在工作中每得到一元钱的报酬，或抵掉了一元钱的债务，我就加付你一元。

这样，如果你得到了一份月薪10块钱的工作，你就能在我这儿得到另外10块钱，你的月薪就成了20元。我也并没有要你出远门去圣路易斯，或去加利福尼亚的铅矿或金矿，我只是让你在我们的家乡科尔斯县附近找一份报酬最合适的工作。

如果你能做到这点，你就马上能还清债务，更有益的是，你还会培养起一个好习惯，使你永远不会再负债了。如果我现在满足你的要求，借给你钱，明年你还会欠下更多的债。你说如果得到70或80元钱，你愿意把自己在天堂里的位置也让给别人，那你也太贱了。我可以肯定，加上我奖励给你的钱，你干上四五个月就能得到七八十块钱。你还说，如果我借给你这些钱，你就会把土地抵给我，而且，如果你还不了钱，就把土地的所有权给我——

荒唐！现在你有这些土地都生活不下去，那么，没有了这些土地你又怎么能生活下去呢？你对我一直不错，我现在对你也不是不讲亲情。相反，如果你听从我的劝告，你就能发现，我这里提的忠告比我借给你80元钱还值钱。

祝福你！

你的兄弟

亚伯拉罕·林肯

[书外人语] 帮急不帮穷，除去天灾人祸以外贫穷肯定是自身的原因所致，无论你有当总统的兄弟还是有什么贵族亲戚，最为重要的都是培养辛勤工作的好习惯。

爬行上班的小学校长

|草 秧

1998年11月9日，美国犹他州土尔市的一位小学校长——42岁的路克，在雪地里爬行1.6公里，历时3小时去上班，受到过路人和全校师生的热烈欢迎。

原来，这学期初，为激励全校师生的读书热情，路克曾公开打赌：如果你们在11月9日前读书15万页，我在9日那天爬行上班。

全校师生猛劲读书，连校办幼稚园大一点的孩子也参加了这一活动，终于在11月9日前读完了15万页书。有的学生打电话给校长:“你爬不爬?说话算不算数?”也有人劝他:“你已达到激励学生读书的目的，不要爬了。”可路克坚定地说:“一诺千金，我一定爬着上班。”

与每天一样，路克于早晨7点离开家门，所不同的是他没有驾车，而是四肢着地地爬行上班。为了安全和不影响交通，他不在公路上爬，而在路边的草地上爬。过往汽车向他鸣笛致敬，有的学生索性和校长一起爬，新闻单位也前来采访。

经过3小时的爬行，路克磨破了5副手套，护膝也磨破了，但他终于到了学校，全校师生夹道欢迎自己心爱的校长。当路克从地上站起来时，孩子们蜂拥而上，抱他，吻他……

［**书外人语**］在所有的丢人现眼中，说话不算话是最可耻的一种。

英伦失窃记

|郭 莹

伦敦市图书馆有几份中文报刊，每星期我总要去浏览几次。这天下午当喜爱清静的我一如既往独自在大厅一隅的“孤岛”上坐下时，我不爱扎堆的毛病几分钟后就得到了报应。

那天我持着几份散文，从钱夹里掏了几枚硬币准备去复印处，然后将钱夹放回包内留在桌上，万没料到我的这番动作早已被两个十几岁的小窃贼看得一清二楚。约五分钟后我转身回来时，钱夹不翼而飞了。图书馆的保安闻讯后当即分成两路去追寻小偷，一无所获。

我的遭窃“惨况”引来周围英国人的围观。围观人群里，一位男士不顾肮脏自动跑到男厕所里翻了个底朝天、试图找到小偷丢弃的空钱包。另一位中年妇女则塞给我五英镑，要我乘出租车回家。这些与我素昧平生的异国人给予我的热情友好令我深受感动。

五分钟后，一位年轻女警察火速赶到现场。女警察带领我与那位目击者小姐一起上警察局。我头一回坐上了大英帝国的警车，备感新鲜，不过下车时我怎么也拉不开车后门。警察小姐说，警车的后门都是封死的，以防罪犯逃脱。门只能从外面打开。

一到警察局，警察就拿来了所有银行的电话簿，钱夹失窃后必须做的首要之事，是立即给发放信用卡的银行挂电话，以防歹徒盗用信用卡。

第二天，我如约再到警察局录口供，发现他们已从伦敦内政部调来了我的所有档案资料。没想到对失窃的报案人也要进行兜底调查，英国司法制度之严谨可见一斑。顺便说一句，为何有些中国人出了事不敢惊动警察，原因就是害怕自己非法移民身份曝光。女警察笔录完我叙述的失窃经过后，将记录给我过目，结尾一句话是:“我没允许任何人，不经许可擅自动用我的钱包。”

这种提法使我感觉滑稽可笑。她说，如果我同意此份报告，就在最后一句结束处签名。特别要求在此处签名，是为了杜绝其他人可能钻空子在后面任意填写。女警察告诉我，图书馆内安全系统内录下了小偷的尊容，今天就会将罪犯的照片从录像带上剪下来，张贴在警察局会议大厅里，以便全市警察辨认。如仍找不到线索，会把录像送交本地电视台播放悬赏捉拿。我急忙追问破案率如何?女警察微笑着宣称相当成功。她又强调，他们要令罪犯明白，技艺如此拙劣竟敢与法律较量，不如就此洗手不干。

我怀疑地询问:“钱包内只有30英镑现金，你们兴师动众捉拿小贼，显然为追踪贼所耗费的人力、财力将大大超出30英镑。”女警察严肃地表示:“法律的尊严无法以金钱的价值来衡量。他触犯了法律，就必须绳之以法。”世界上无一块净土，任何地方都不乏以身试法者。无论如何，英国警察的执法态度及办案作风给我留下了深刻印象。

出来时在警察局门口看到一张宣传画，上书:“偷一个钱夹的全部过程只需四秒钟，阁下是否生活在安全之中?”两天后，当我再到图书馆时，发现每张桌子正中增添了一则启事:“当你离开座位时，务必做到包与人同在。”

[书外人语] 一个国家无论多么贫穷，都不能讨论法律的“成本”问题。“值不值”根本就不是法律问题，而是商人的问题，法律的神圣尊严绝不可能用钱去衡量。

海牙市长的“包裹”

景志强

近日，读了一篇初到荷兰海牙就读的学子在异国他乡撰写的短文。文中介绍她到达海牙这座美丽城市后，竟收到了以该市市长名义写来的热情洋溢的信和市长的名片。来信请她去市政厅领取一个“令你惊讶”的“欢迎包裹”。包裹领取后，她被里面精致的物件深深地感动了：一个市标，一枚印有市政厅电话号码的钥匙，一包当地特产咖啡糖，五种海牙市分类地图，一摞海牙市最新出版的主要报纸和杂志，几种文字的海牙市简介，还有海牙市一年来的社会经济发展指标统计手册和免费入场券——凭此入场券，可去海牙几家大剧院或观看戏剧，或听音乐，或欣赏舞蹈，亦可去博物馆、游泳馆免费享受一回。

荷兰的经济发展早已为世界瞩目，海牙亦早已成为世界名城。但海牙人在发展自己的城市时，不是仅仅停留在一般层次上，而是通过各种手段来宣传海牙，让更多的人参与海牙的建设。海牙市长的“包裹”，似乎想把有关海牙的所有信息，都一股脑儿地传达给来这座城市的客人。在这份“包罗万象”的欢迎包裹里，折射出海牙作为世界文化名城所具有的文化形象和较深的文化内涵。海牙市这种别出心裁的做法所达到的宣传效果，恐怕是媒体都无法做到的。

于是我想，我国是一个具有悠久文化历史的国家，在21世纪的门槛上，我们的城市，该以何种方式与世人进行更好的交流呢?我们不能单凭数据去与世界对话，而要拿出更文明、更健康和热爱生活的精神风貌来。一个城市仅仅以物质成就作为基石，而缺乏文化形象和文化氛围，这座城市是多么缺乏光彩!

在这一点上，海牙市似乎值得我们借鉴。

［**书外人语**］北京正在全力准备2008年奥运会，我们衷心祝愿北京奥运成功。

感恩大自然的“长木公园”

|张可佳

位于美国费城与威明顿之间的私家花园叫“长木公园”（Longwood Gardens），已经有200多年历史，在它的主人50多年前把它送给公众之后，更成了拜访大费城地区的人们必然要光顾的地方。

在200多年前，花园的主人就经常在这里植树，现在这些古老的树上都挂着小牌，标明杜邦家族的功绩。他们每一代传给下一代的时候都清楚地确定了这样一个原则：这个“还给大自然”的家族花园永远不能改做他用。

杜邦家族以制造黑火药起家，200年来一直经营和开发化工业，创造了无数科技奇迹和亿万财富。但是化工业在使社会生活发生巨大变化的同时，也给大自然带来很多污染，它产生大量污水、废气和有毒废物，也曾有过中毒、工伤等意外事故。最老的家族企业创始人皮埃尔·萨米埃尔·杜邦的孙子就是死于一次火药库爆炸事故。

也许是感到对大自然曾犯下罪过，要做忏悔和补偿；也许这些人与生俱来就有与大自然亲近的情感；也许他们用得着这样一座证明财富的领地……从1700年比斯买下这片土地，到1906年杜邦先生再买下，一代又一代的杜邦子孙尽职尽责地照料着这片土地，经过将近300年的生态繁衍，已经很难定义它是“人工园林”还是“自然景观”，它成为动植物与人类和谐相处的乐园却是不争的事实。

一路上，看到很多大学生跪在花草间劳动，登在高高的梯子上修剪花枝，吃力地搬着沉重的大花盆……他们都是志愿者，假期常常自愿来工作。整个1050英亩秀丽景色只有54个园丁管理，其他基本靠志愿者的义务劳动了。

遵照皮埃尔·萨米埃尔·杜邦先生的遗言，“长木公园”作为向大众提供展览、教育及享乐的地方，是一个非营利、也不接受政府资助的观赏性公园，公园为大众提供园艺研究及学习机会，长年开设很多课程，接受各国留学生。

［书外人语］千万年来，人类无穷尽地向大自然索取，可曾想到还给大自然一些什么?这些事并不只是富翁才能做，每个人每天都可以力所能及地做一些。

天上掉银子

|宋朝群

我的纳税意识是由一笔意外之财唤醒并强化的。

几年前，我在加拿大短期留学，做访问学者。那时我每月从中国大使馆领取480加元的补贴，以支付食宿、交通、学习等费用。稍事节俭，这笔钱每月足以够用，但我总希望从牙缝中省下几文，积攒着回国内买个免税大件。因此，我购物尽量拣便宜实惠的，一分钱都要算计。

然而，让我恼火的是，加拿大政府有条规定，除了购买食品外，其他任何购物都要交纳购物税，税额为2%左右。每次购物应交纳的税金，在收银机打出的交款单上标得一清二楚：××物，价××，税金××，合计应交××。不交税，就别买东西，要想逃税，那更是万难。无奈之余，我只有服从，但也颇有微词，我穷学子买件日用品，凭什么要被富国政府再搜刮去几文！逃税无计，只有守法，一年下来，这税金我大约也交了几十加元。

在加拿大，城市街头触目皆是关于税收的醒目招牌：Income Tax，意在提醒人们交纳收入所得税，我颇为奇怪，人们就那么乖乖地去交个人好不容易挣来的银子？到了年底，我恍然大悟：每个家庭，每个人都必须填一套一式两份、项目繁多、极为周详的本年度收入与支出统计表，与你的社会保障号码（相当于我们的身份证号码）相衔接，用计算机联网对你的金融活动详细记载，周密统计。如果你申报不实，则被视为对国家不忠，将要依法严惩，今后很难再找到工作。美国、加拿大的老外们常戏说，任何人都难逃两件事，一是交税，二是死亡。要想逃税，难。

这种个人所得统计表连在加国居住满一年的外国人也不能幸免。迫于无奈，我也据实一一填报，连打工的临时收入也填了上去。表上有一项说明，大意是年收入若干加元以下的交税者将于次年获得退税，我交的税也不多，并且明年就要回国了，就没把这条当真。

留学期满，归国工作。回国半年多以后，突然一天邮局送来一封厚厚的加拿大来信。我打开一看，竟是一张一式两联的退税支票！还有说明写道：“宋先生，经核查你去年总收入在××加元以下，不属交纳购物税范围，今按你表格上填写的永久性地址，退税210加元(加拿大税务部门因无法计算我去年在加各商场消费时究竟交了多少购物税，只能按规定的平均数退税给我)，请去本地银行办理托收税兑换。”“这真是天下掉银子!”我和朋友们为加拿大税官办事认真感慨不已，人家追了半个地球给咱退税千余元（210加元约兑换人民币1200元)，还真有点白求恩精神!

[书外人语] 科学合理的规则与体制设计，高效彻底的执行运作，是发达市场经济的共同特征。我们老百姓要学习人家的纳税意识，政府官员们更要学习人家的“退税”精神。

贴 海 报

|秦 朔

此处所讲的是在美所见的一件小事，算是“入乡随俗”，从小处着手一次。我的结论很简单，可以提前告诉大家，就是“立乎其小，则其大者不可夺也”。

玛莎是美国加州州立大学北岭分校二年级的学生，一边学习一边打工，此外还在校学生会做些义务工作。这一天，学生会交给她一项任务，在校园里醒目的位置张贴几十张“文化节”海报。学校的标志性的公共场所都有广告栏，所以玛莎很快就贴得七七八八。当她再回到学生会，准备贴完最后一批海报时，她发现广告栏已经贴满了。怎么办?

那天我正在学生会所在的“Union”转悠，这里是校园生活的一个中心。看到一个美国姑娘在广告栏前站了好久，以为有什么好事预告，连忙走过去凑热闹。搭上话才明白，玛莎遇上了这么一个小小难题。

我不禁脱口而出:“广告栏里有几条东西早过时了，贴上去没什么问题。”玛莎回答:“我不确定。”我心想，这姑娘真笨，连上上星期的活动都记不住。再说，有些学生卖车租房交友信息，到处的广告栏贴得都有，将其覆盖一二又有何妨?跟她一建议，回答更绝:“他们会投诉的。”

这下我不管了，就找了份报纸坐到旁边去看。只见玛莎走到Union的露天中厅里在四周的木柱子上比划着。个别学生会在那上边贴或钉东西，但很不雅观，柱子也被弄得不干净。我暗想，你不也得这么干吗?是不是这样就没人投诉?玛莎比划了一会儿就走开了。她到底想怎么办?好奇的我决定看下去。

玛莎回来了。拿了很多新东西。她先用彩色的塑料布将一根根木柱包起来，用透明胶封好口。然后再在塑料布上面贴上海报。她干得一丝不苟，不一会儿，十根左右的柱子都好了，一派鲜活生动又整整齐齐，既利用了空间又保持了清洁，看起来很有艺术效果，将来取下来也非常方便。

我看着玛莎的“作品”，心里不禁浮起阵阵涟漪。玛莎既没有用“学生会”的名义“覆盖”掉个别学生的“私有空间”(虽然这些“私有空间”远不如“文化节”对学校有用)，也没有随随便便去占据公共空间。她不是想着怎么脱离规则求方便，而是想怎么在规则之内求创造。不少中国来的学者都说中国人脑子里有很多想法，而美国人只有一种想法。但我们的很多想法都是在规则之外的，总想绕过它另起炉灶，是规则外的“发散思维”。美国人虽只有一种想法，却往往是聚焦规则内形成的“创造性思维”。

[书外人语] 规则不是不可以更改，但可惜的是许多人为了一己之利或之便而采取伤害大多数人之类的更改；发散思维很重要，但如总建立于规

则之外，那么再好的规则也就形同虚设。我们今天在大谈培养“创造力”，但什么才是真正的创造力呢?这个小故事会给我们以有益的启示。

镜　子

连 晨

有两件事，我认为可以作为我们生活中的镜子，其中一件是老外干的，另一件也是老外干的。我把它们分述如下：

第一件事：武汉市鄱阳街有一座建于1917年的6层楼房，该楼的设计者是英国的一家建筑设计事务所。20世纪末，也即那座叫做“景明大楼”的楼宇在漫漫岁月中度过了80个春秋后的某一天，它的设计者远隔万里，给这一大楼的业主寄来一份函件。函件告知：景明大楼为本事务所在1917年所设计，设计年限为80年，现已超期服役，敬请业主注意。

真是闻所未闻! 80年前盖的楼房，不要说设计者，连当年施工的人，也不会有一个在世了吧?然而，至今竟然还有人为它的安危操心! 操这份心的，竟然是它最初的设计者，一个异国的建筑设计事务所! 是怎样的一种因素(体制?岗位责任制?金钱的诱惑?铁的纪律?敬业精神?个人品德?还是一种文化传统、一种日常的共同遵守的生活准则?)使一个人、一群人、一个在时空中更新换代了数茬人的机构，虽经近一个世纪的变迁，仍然守着一份责任、一个承诺?面对咱自己的豆腐渣工程，我一时竟不知该说些什么。

第二件事：在东北地区滨洲铁路穿越小兴安岭那条最长的隧道的山顶，有一座方方的石碑，那里长眠着一位异国的工程师。这位工程师曾负责这条隧道的设计。当工程进度由于意外没有按照预定时间打通时，这位工程师开枪自杀了! 她以自杀来抵补自己的失职和耻辱。

这种自责方式对我们来说也许太陌生了。我们太习惯于在失败面前寻找“客观原因”了，我们也太习惯于在失误面前为自己开脱了。一个肩上负有责任的人，出了天大的责任事故，别说引咎自杀，辞职谢罪的也少有。一位异国女工程师喷洒着鲜血的自责行为，让我异常分明地看到了我们灵魂中的暗点。

以上两个故事，将是我后半生永不丢弃的镜子，既照我的言行，也照我的内心，我愿意把这两面镜子送给所有有自省精神的人。

［**书外人语**］任何落后必然是物质精神的双重落后，所以学习也必须是两方面的学习。

窝 里 斗

|沈 昌

我在纽约打工的时候，听到这样一则故事：年底，美国老板欲给工人加薪，数额颇大——每人500美元，但他规定：每组只加一人，具体加给谁，由各组民主讨论后决定。这间工厂的工人大都来自亚洲，故分为日本组、越南组、韩国组、中国组……

通知下达后，秘书小姐要求各组下班前报上加薪名单。日本组最快，几分钟就定出了名单，送给老板一看，老板很满意，此人正是他意料中的人选——技术高、速度快；越南组报上来的是一个技术中等、工资最低的可怜人；韩国组也报上来了，是一个技术最差、人缘特好的和事佬，对此，老板摇摇头，无可奈何。

中国组呢?为何迟迟不报?快下班的时候，秘书小组再三催促，结果却是，中国人不要加薪!

老板听了大吃一惊！难道中国人真的发扬共产主义风格?难道正当的报酬都不要?老板不相信，亲自到中国组了解，终于真相大白：原来中国组的五个人已经讨论了半天，争得面红耳赤，互不相让……他们向老板提出:“要么平均分配，每人加一百，要么大家都不加!”老板生气地把手一挥，取消了中国组的加薪!

一些外国老板得出结论说：聘请的中国人最好单独使用，几个人一起就会“内讧”。

［书外人语］一个集体中的公平、效率、宽容、同情等等，这些难道都与中国人无缘?我想这只是个夸张的故事罢了。

评　画

|张晓风

若干年前，在巴黎一家咖啡馆，一位在法国专攻东方情调油画的中国画家，经人介绍，与当时一位大红大紫的画界评论权威见面。彼此落座，略事寒暄，画家便迫不及待地要打开随身带的画卷，恭请对方品题——谁都知道，评论家德高望重，慧眼独具，画作一旦经其揄扬，立马身价百倍；退而求其次，即使被他指教一下，如《水浒传》中九纹龙史进被八十万禁军教头王进点拨那样，也将终生受益无穷——没想到评论家霍地按住他的手，说：

“别急，我先问你两个问题——第一，你几岁出国?第二，你在巴黎待了几年?”

“我19岁出国，在巴黎待了9年。”画家颇为自得。

“唔，这个么，如果是这样，画就不必打开了，我根本就用不着看。”评论家面露微笑，那口气，却坚决得不留一点余地。“这是因为，你19岁就出来了，那时毕竟年轻，还不懂得什么叫中国。在巴黎9年，也嫌太短，你也不知道什么叫西方。——既昧于己，又昧于彼，想想看，你的画还有什么值得让我品评的?哪里还需要打开?”

［书外人语］曾有人评价文化大师林语堂：两脚踏中西文化，一心做天下文章。今天也有许多人想“两脚踏一下，一心做一下”，路子是对的，不过可能太急功近利了一点。

最好的消息

阿根廷著名的高尔夫球手罗伯特•德•温森多有一次赢得一场锦标赛，领到支票后，他微笑着从记者的重围中出来，到停车场准备回俱乐部。这时候一个年轻的女子向她走来。她向温森多表示祝贺后又说她可怜的孩子病得很重——也许会死掉——而她却不知如何才能支付起昂贵的医药费和住院费。

温森多被她的讲述深深打动了。他二话没说，掏出笔在刚赢得的支票上飞快地签了名，然后塞给那个女子。

“这是这次比赛的奖金。祝可怜的孩子走运。”他说道。

一个星期后，温森多正在一家乡村俱乐部进午餐。一位职业高尔夫球联合会的官员走过来，问他一周前是不是遇到一位自称孩子病得很重的年轻的女子。

“停车场的孩子们告诉我的。”官员说。

温森多点了点头。

“哦，对你来说这是个坏消息。”官员说道，“那个女人是个骗子，她根本就没有什么病得很重的孩子。她甚至还没有结婚哩！温森多——你让人给骗了！我的朋友。”

“你是说根本就没有一个小孩子病得快死了？”

“是这样的，根本就没有。”官员答道。

温森多长吁了一口气。“这真是我一个星期来听到的最好的消息。”温森多说。

［书外人语］每个人都不可能不在意金钱，但金钱有时并不能解决许多根本性的问题，比如说挽救生命、减轻伤痛等。所以这位善良、高尚的球手并不以钱的损失而生气，而为没有孩子受苦受罪而释怀。

智商能表明什么

［美］艾萨克·阿西莫夫

我在部队服役时，曾接受过一种全体士兵都参加的智力测验，我获得了160分的高分。要知道，基地上从没人见过这么高的分数，而且标准值也才是100分，于是我理所当然地被称为天才。

众口一词的称赞并没有改变我的境遇，第二天，我仍是一名列兵，最高职务也不过是担任伙食值勤员，但那种感觉却是相当美妙的。

以后，我一生中一直得这样的高分，所以我有充足的理由相信自己非常聪明，同时希望别人也这样看我。然而，实际上的问题是：智商高又意味着什么呢？也许仅仅表明我很善于做智力测验题，而出题者很可能是智力类型和爱好都跟我类似的人。他们编制的学究式的题目就真的能衡量人的智力水平吗？

举个例子吧。我过去有位汽车修理师，据我估计，他不大可能在智商测验中得到超过30分的成绩。所以我总是想当然地认为我比他聪明得多。然而，每当我的汽车出了毛病，我总得急急忙忙地去找他，焦急地注视着他检查汽车的相应部位，对他的分析如聆神谕般洗耳恭听，——而他总是能把我的汽车修好。

那么，如果让这位修理师来主持智商测验；或者让一位木匠、一个农夫，再不就是除了学究以外任何一个人来设计题目，结果都会表明我是一个笨蛋。而且我也真的会是一个笨蛋，如果不让我使用从学院里学习来的语言技巧，如果我不得不用双手去做一些复杂而艰苦的工作……我干得肯定很差劲。由此可以得出一结论：智商并不是绝对的。它的价值由社会给予我们的生活环境所决定。智商测验本来就是由一小部分人决定的，在很大程度上他们把标准强加于人们的身上。

再来谈谈我的汽车修理师吧。他有个习惯，每次见到我都爱说些笑话。有一次，他从引擎盖下抬起头来说：

“博士，有一个又聋又哑的人来到一家五金店买钉子，他把两个手指头并拢放在柜台上，用另一只手做了几次锤击动作，店员给他拿来一把锤子。他摇摇头，指了指正在敲击的那两个手指头，店员便给他拿来了钉子，他选出合适的就走了。那么，博士，听好了，接着进来一个瞎子，他要买剪刀，你猜他是怎样表示的呢?”

我举起右手，用食指和中指做了几次剪刀动作。修理师一看，开心地哈哈大笑起来，“啊！你这个笨蛋。他当然是用嘴巴说要买剪刀呀。”接着他又颇为得意地说：“今天我用这个问题把所有的主顾都考了一下。”

“上当的人多吗?”我急着问。

“不少。”他说：“但我事先就断定你一定会上当。”

“那为什么?”我不无诧异地问。

“因为你受的教育太多了，博士，从这一点上就可以知道你不会太聪明的。”

我有一种非常不安的感觉：他的话确实有道理。

［书外人语］很多人热衷于寻找各种试题给自己、给孩子测智商，热衷于获得一种“聪明的认证”。其实，智商说明不了太多问题，智慧在生活中隐藏。

应聘测试

|陈立君

那是一个名气很大的合资公司，招聘一名总经理助理，年薪20万。刘露在众多应聘者中脱颖而出，最后一关是外方总经理面试。

总经理对他进行了长达两个小时的面试，刘露从经营方略到内部管理、新品开发等方面阐述了自己的想法。总经理认真地听着，不时赞许地点点头，显然，他对刘露很满意。

“好了。”总经理说，“讲了半天，口一定渴了，我也有些口渴，请你去买两瓶矿泉水来。”说着递给刘露一张百元大钞。

刘露走到街上，买了两瓶矿泉水，回来递给经理，把剩下的钱交代清楚一分不差地也交给总经理。他认为这很可能也是考试内容的一部分。

果然，总经理打开一瓶矿泉水，说：“这是今天测试的最后一道题目了。你给我留下了很好的印象，如果这道题你能回答得让我满意。你将通过今天的测试。这道题是这样的：假如这两瓶中有一瓶被人掺了毒药，当然目标是针对我的，现在我命令你先尝一尝。”

刘露说：“我明白你是在测试我对公司和你的忠诚程度，也许我尝了你就会录用我，但我不能尝，虽然我很想得到总经理助理这个位子，我认为这是对我人格的污辱。”

总经理怒道:“这次应试者上千人之多，我别说让他们喝这没毒的矿泉水，就是真的让他们吃屎，他们也吃!”

刘露正色道:“我认为你刚才说的话与你的身份地位很不相称，对不起，我觉得今天的测试该结束了。”说着要起身离去。

总经理立刻和颜悦色地说:“请原谅，刚才只是测试，我很欣赏你的反应和品格。请坐。是的，今天的测试你通过了。祝贺你! 你被录用了。”

刘露说:“招聘是双向选择，你对我的测试通过了，但我对你的测试却没有通过，你不是我想象中的老板。再见!”说完拂袖而去。

[书外人语] 在一个人格扭曲的环境中，你怎么可能找到自己金钱以外的价值呢?

一美元与八颗牙

陈 颐

1962年7月，在美国西北部一个叫本顿维尔的小镇上，一家名为沃尔玛的普通商店开业了，店主是44岁的退伍男子沃尔顿。30多年后的今天，沃尔玛已成为全球最大的商业连锁集团。在2000年《财富》500强排名中，沃尔玛以1668亿美元的营业额名列第二。沃尔玛创下了一个商业奇迹。

我对沃尔玛连锁店的最初认识还是十几年前在国外生活时，那时中国还没有超市。当我第一次走入沃尔玛连锁店时，先是被它巨大的面积所震惊，继而为它的便宜价格所打动。同样一件商品，沃尔玛的售价至少会比其他店便宜5%，但是给我印象最深的还是每一个售货员的微笑，那样亲切自然。此后，每次去美国，我都会选择去沃尔玛店购物，享受一个消费者内心的满足。

后来我才知道，沃尔玛经营宗旨之一便是“天天平价”。老板沃尔顿常常告诫员工：“我们珍视每一美元的价值，我们的存在是为顾客提供价值，这意味着除了提供优质服务外，我们还必须为他们省钱。每当我们为顾客节约了一美元时，那就使自己在竞争中占先了一步。”

为了不愚蠢地浪费一美元，沃尔顿身先士卒。他从不讲排场，外出巡视时总是驾驶着最老式的客货两用车。需要在外面住旅馆时，他总是与其他经理人员住的一样，从不要求住豪华套间。

为了赢得这一美元的价值，沃尔玛实行了全球采购战略，“低价买入，大量进货，廉价卖出”。沃尔玛中国采购总监芮约翰每到一地，都要察看各家商店，认真比较价格，选择合适商品。他对我说，中国商品的质量近年来有大幅提高，沃尔玛在中国的采购额也在逐年增加，今年将达到40亿美元。

价格与服务是沃尔玛赢得竞争的两个轮子。已在中国工作了五年的芮约翰说：“你知道我们有一个微笑培训吗?必须露出八颗牙齿才算合格。你试一试，只有把嘴张到露出八颗牙齿的程度，一个人的微笑才能表现得最完美。”我不禁回想起初识沃尔玛时的印象，原来售货员那一颦一笑都有着如此严格的规定。

做生意自然要追求利润的最大化，而实现最大化的目标则要从最小化的具体行动开始。经营节约一美元与微笑露出八颗牙，抓好每一件这样的小事，企业方能砌就通向成功的阶梯。

［**书外人语**］其实，很多很多的成功经验并不神秘，只不过有的人不以其小而坚持做了下去，而有的人则总想着大问题而忽略了小事情。

第三辑

[成败之间]

成功先生与失败先生

你的头脑是一个“思想制造工厂”，一个非常忙碌、每日制造无数思想的工厂。

工厂由两位工头负责。一位我们称他为成功先生，另一位我们称他为失败先生。成功先生负责正面思想的生产，他的专长是生产你之所以可以、够资格，以及会成功的理由。另外一位工头失败先生负责生产负面、自贬的思想；他是替你制造你之所以不能、不精、不足成事的理由的专家。生产为什么你会失败的思想，是他的专长。

成功先生和失败先生都非常听话，你只要稍稍给他们信号，他们就马上采取行动。如果讯号是正面的，成功先生就会出来执行命令。反之，负面的讯号，失败先生就会出来完成任务。

想要了解这两位工头对你的影响，你不妨这么做：告诉你自己“今天真倒霉”。失败先生一接到这个信号，立刻制造出几个事实证明你是对的。他会让你觉得今天太热或太冷、生意冷清、售货量减少、有人不耐烦、你生病、你太太心情不好。失败先生非常有效率，不到一会儿工夫，你就感到今天真倒霉。

如果你告诉自己“今天是个好日子”。成功先生接到讯号出来执行任务，他告诉你“今天是个好日子、天气好、仍然快乐地活着、你又可以赶些进程”。那么，今天就是个好日子。

同理，失败先生让你相信你无法说服史密斯先生，成功先生则告诉你可以。失败先生说你会失败，成功先生则让你相信你会成功。失败先生找了冠冕堂皇的理由叫你不喜欢汤姆，成功先生则叫你相信汤姆是值得喜欢的。

你给他们的信号愈多，他们就变得愈有权力。如果失败先生的工作增加，也就会增添人员，占据脑部更多的空间。最后他就霸占了整个思想工厂，可想而知，所有生产出来的思想都将是负面的。

所以最聪明的办法就是开除失败先生。你不需要他，你也不想他在你旁边告诉你这不能、那办不到、会失败什么的。既然他无法帮你达到成功的目的，干脆一脚把他踢开。

完全重用成功先生，不论任何思想进入你的脑中，派成功先生去执行任务，他将引你步向成功。

[**书外人语**] 人们常说，谋事在人，成事在天，其实除了摸彩票以外，一切成功全靠你自己，全靠你头脑中的“成功先生”。

信　　念

[美] 安东尼·罗宾

他是一个冷酷无情的人，嗜酒如命且毒瘾很深，一次在酒吧里因看一个侍者不顺眼而犯下杀人罪，被判终身监禁。他有两个儿子，年龄相差才一岁；其中一个同样毒瘾甚重，靠偷窃和勒索为生，后来也因杀人而坐牢；另外一个儿子却既不喝酒也未嗜毒，不仅有美满的婚姻，养了三个可爱的孩子，还担任一家大企业的分公司经理。

在一次私下访问中，问起造成他们现状的原因，两人的答案竟然相同:“有这样的老子，我还能有什么办法?”

有两名年届70岁的老太太：一名认为到了这个年纪可算是人生的尽头，于是便开始料理后事；另一名却认为一个人能做什么事不在于年龄的大小，而在于怎么个想法。于是，后者在70岁高龄之际开始学习登山，随后的25年里，一直冒险攀登高山，就在最近，她还以95岁高龄登上了日本的富士山，打破了攀登此山的最高年龄纪录。她就是著名的胡达•克鲁斯老太太。

［书外人语］影响我们人生的绝不是环境，也不是遭遇，而是我们持有什么样的信念。

每一块都是好肉

林清玄

我喜欢看NBA的夏洛特黄峰队打球，特别喜欢看1号博格斯(Bogues)上场打球。

博格斯的身高只有160厘米，即使在东方人里也算矮子，更不用说是在两米都嫌矮的NBA了。

据说博格斯不仅是现在NBA里最矮的球员，也是NBA有史以来创纪录的矮子，但这个矮子可不容易，他曾是NBA表现最杰出、失误最少的后卫之一，不仅控球一流，远投精准，甚至在长人阵中带球上篮也毫无所惧。

每次看博格斯像一只小黄蜂一样，满场飞奔，心里总忍不住赞叹，我想他不只安慰了天下身材矮小而酷爱篮球者的心灵，也鼓舞了平凡人内在的意志。

博格斯是不是天生的好手呢?当然不是，而是意志与苦练的结果。

有一次，他接受记者的访问，谈到自己走入NBA的心路历程。

博格斯从小就长得特别矮小，但却非常热爱篮球，几乎天天都和同伴在篮球场上斗牛，当时他就梦想有一天可以去打NBA，因为NBA的球员不只待遇奇高，也享有风光的社会评价，是所有爱打篮球的美国少年最向往的梦。

每次博格斯告诉他的同伴:“我长大后要去打NBA。”

所有听到的人都忍不住哈哈大笑，甚至有人笑倒在地上，因为他们“认定”一个160厘米的矮子是绝无可能打NBA的。

他们的嘲笑并没有阻断博格斯的志向。他用比一般人多几倍的时间练球，终于成为全能的篮球运动员，也成为最佳的控球后卫。他充分利用自己矮小的“优势”，行动灵活迅速，像一颗子弹一样，运球的重心最低，不会失误；个子小不引人注意，抄球常常得手。

现在博格斯成为有名的球星了，他说:“从前听说我要进NBA而笑倒在地上的同伴，他们现在常炫耀地对人说:‘我小时候是和黄蜂队的博格斯一起打球的’。”

博格斯使我想起了盘山禅师的故事。

盘山宝积禅师有一天路过市场，偶然听到顾客与屠夫的对话，顾客对屠夫说:“精的割一斤来。”(给我割一斤好肉。)

屠夫听了，放下屠刀反问:“哪个不是精的?”(哪一块不是好肉呢?)

顾客怔在当场，在一边的盘山禅师却开悟了。

在人生里，我们往往用自己的主观见解来判定事物的价值，但事物哪有绝对的价值呢?在NBA里，我们都觉只有两米高的人才能去打球，但一米六的人又怎么不能立志呢?

博格斯不怕人笑，所以创造了自己的奇迹。天生我才必有用，哪一块不是好肉?哪一个人不是最有价值的人呢?

[书外人语] 只要我们有足够的理由喜爱一项事业，那么就有足够的理由获得成功。有时候也许我们先天并没有优势可言，但坚定的追求和超乎常人的付出都将成为可贵的优势。

鼓　　励

一句箴言说:“一句简单话，若说得适当，有如银盘中放上金苹果。”

第二次世界大战后期盟军发动一次大攻势期间，当时的盟军统帅艾森豪威尔(后来成为美国第34任总统)有天在莱茵河附近散步，遇见一名看来神情沮丧的大兵。

“你还好吗，孩子?”他问道。

“将军，”那年轻人回答,“我烦得要死。”

“那你跟我真是难兄难弟，”艾森豪威尔说,“因为我也很心烦。也许，如果我们一起散散步，对大家都会有好处。”

没有打官腔，也没有讲任何的大道理。但这几句话多具鼓励作用!

我曾由于钦仰霍华德•韩德利克斯，决定参加一个他参与主持的讲习班。他的风格、诚意、才华和信心，都从他所说的每一句话中充分表露了出来。他可真是我见过的最出色教师。

但不久之后，我泄气了，认为自己永远不可能比得上他。

有一天，他似乎察觉到了我的心意，或许那也是全班的共同感受。于是，他停止了授课，开始坦诚地对我们说起自己的经历。他平静地叙述他的失败，又说他曾几次想放弃教学生涯。我们听了都不禁笑了起来，但随即就觉得心里很难受和很同情他。我了解到他也是血肉之躯，不是完人，和我们大家没有两样。

“人生不是百米短跑，”他对我们说,“它是一场马拉松比赛，最后获胜的通常都是那些像你我那样拖着沉重脚步慢慢奔跑的人。”

[书外人语] 大道理谁都知道，谁都会说，但并不是什么时候都奏效，因为它没有人情味。

風雲變幻
子愷

小故事中的大智慧　[小中见大☺**智慧文丛**]

我要去埃及

我记得小学六年级的时候，考试考第一名，老师送我一本世界地图，我好高兴，跑回家就开始看这本世界地图。很不幸，那天轮到我为家人烧洗澡水。我就一边烧水，一边在灶边看地图，看到一张埃及地图，想到埃及很好，埃及有金字塔，有埃及艳后，有尼罗河，有法老王，有很多神秘的东西，心想长大以后如果有机会我一定要去埃及。

看得入神的时候，突然有一个大人从浴室冲出来，胖胖的围一条浴巾，用很大的声音跟我说:“你在干什么?”我抬头一看，原来是我爸爸，我说:“我在看地图!”爸爸很生气，说:“火都熄了，看什么地图!”我说:“我在看埃及的地图。”我父亲跑过来“啪、啪!”给我两个耳光，然后说:“赶快生火! 看什么埃及地图?”打完后，踢我屁股一脚，把我踢到火炉旁边去，用很严肃的表情跟我讲:“我给你保证! 你这辈子不可能到那么遥远的地方! 赶快生火。”

我当时看着我爸爸，呆住了，心想:“我爸爸怎么给我这么奇怪的保证，真的吗?这一生真的不可能去埃及吗?”20年后，我第一次出国就去埃及，我的朋友都问我:“到埃及干什么?”那时候还没开放观光，出国很难的。我说:“因为我的生命不要被保证。”自己就跑到埃及旅行。

有一天，我坐在金字塔前面的台阶上，买了张明信片写信给我爸爸。我写道:“亲爱的爸爸：我现在在埃及的金字塔前面给你写信，记得小时候，你打我两个耳光，踢我一脚，保证我不能到这么远的地方来，现在我就坐在这里给你写信。”写的时候感触非常深。

我爸爸收到明信片时跟我妈妈说:“哦! 这是哪一次打的，怎么那么有效?一巴掌打到埃及去。”

[书外人语] 梦想在生命中是非常重要的东西。只有梦想可以使我们有希望，只有梦想可以使我们保持充沛的想象力与创造力。如果一个人没有梦想，这个人生命就开始可悲了。“保持梦想”就是一直到死前的那一刹那都保持着向前的姿势。

选定一把椅子

意大利著名男高音歌唱家卢西亚诺•帕瓦罗蒂回顾自己走过的成功之路时，他说：

“当我还是个孩子时，我的父亲，一个面包师，就开始教我学习歌唱。他鼓励我刻苦练习，培养嗓子的功底。后来，在我的家乡意大利的蒙得纳市，一位名叫阿利戈•波拉的专业歌手收我做他的学生，那时，我还在一所师范学院上学。在毕业时，我问父亲：‘我应该怎么办?是当教师还是成为一个歌唱家?’

“我父亲这样回答我：‘卢西亚诺，如果你想同时坐两把椅子，你只会掉到两个椅子之间的地上。在生活中，你应该选定一把椅子。’

“我选择了。我忍住失败的痛苦，经过七年的学习，终于第一次正式登台演出。此后我又用了七年的时间，才得以进入大都会歌剧院，现在我的看法是：不论是砌砖工人，还是作家，不管我们选择何种职业，都应有一种献身精神。坚持不懈是关键。选定一把椅子吧。”

[书外人语] 同时做两件事，结果往往是两件事都做不成。

神奇的鹅卵石

| [美]约翰·韦恩·许拉特

“为什么我们要学这没用的东西?”在我几年来教课所听到的抱怨与疑问中，这句话是最常出现的。我会用下列的传奇故事来回答这个问题。

有天晚上，一群游牧民族正想扎营休息时，忽然被一束强光所笼罩。他们知道神要出现了。带着热切的期待，他们等待着来自上天的重要讯息。

最后，神的声音说话了:“尽力收集鹅卵石。把它们放在你们的鞍袋里。再旅行一天，明晚你们会感到快乐，同时也会感到愧悔。”

神离开后，这些游牧民族都感到失望与愤怒。他们期待的是伟大宇宙真理的揭秘，使他们足以因此创造财富、健康或其他世俗的目的。但相反的他们却被吩咐去做这件卑贱而无意义的事。但无论如何，来访的亮光仍促使他们各自拣拾了一些鹅卵石，放在他们的鞍袋里，虽然他们并不怎么高兴。

他们又走了一天路，当夜晚来临，开始扎营时，他们发现鞍袋里的每一颗鹅卵石都变成了钻石。他们因得到钻石而高兴极了，却也因没有收集更多的鹅卵石而愧悔。

我在早期从事教学时曾有一个学生，名叫阿伦，印证了这则传奇的真理。

阿伦念八年级，在被退学的边缘摇摆，擅长制造麻烦。他专门欺凌弱小，更是个偷窃高手。

每天我都会叫我的学生背一则伟大思想家的格言。在我点名时，我会用一则格言来点名，学生必须说完这则格言才能算到席上课。

“艾丽丝·亚当斯——没有所谓失败，除非……”

“你不再尝试。我来了，许拉特先生。”

所以，在这年结束时，我的年轻学生已经背了150则伟大的思想格言。

“认为你能，或认为你不能——总有一个对。”

“如果你看到了障碍物，你的眼睛就已远离了目标。”

“所谓犬儒学派，就是指那些知道每一件东西的价格而不懂它们的价值的人。”

当然，还有拿破仑·奚尔斯的：“如果你能想到它，相信它，你就能达到它。”

没有人比阿伦更爱抱怨这个每日的例行作业——直到他被退了学。我有五年没看到他，但有一天，他打电话给我。他假释出狱后，在附近的某一所学院修习一门专业技术的课程。

他告诉我，在他被送进少年法庭后，被载到加州青少年法院监狱服刑，他变得对自己非常绝望，拿了一把刮胡刀试图割腕自杀。

他说：“你知道，许拉特先生，当我躺在那儿，生命一滴一滴地流失时，我忽然想到有一天你叫我写20次的那句无聊格言：‘没有所谓失败，除非你不再尝试。’忽然它对我起了作用。只要我活着，我就不算失败，但如果我让自己死掉，我绝对是个失败的死人。所以我用仅余的力气求救，开始了新生活。”

在他听到这句格言时，它是鹅卵石。当他身处危机需要指引的那一刻，它变成了钻石。所以我想对你说，尽量收集鹅卵石，你就可以期待一个充满钻石的未来。

[书外人语] 鹅卵石是有分量的，游牧民族不愿多带还情有可原。艺不压身，知识、技能、思想的积累可绝不像背负一袋鹅卵石那般沉重，还是尽可能地为自己多储备一些，总有一天，它们会成为照亮人生道路的钻石。

追随梦想

| [美]杰克·坎菲尔

我有个朋友叫蒙提·罗伯兹，他在圣思多罗有座牧马场。我常借用他宽敞的住宅举办募款活动，以便为帮助青少年的计划筹备基金。

上次活动时，他在致词中提到："我让杰克借用住宅是有原因的。这故事跟一个小男孩有关，他的父亲是位马术师，他从小就必须跟着父亲东奔西跑，一个马厩接着一个马厩，一个农场接着一个农场地去训练马匹。由于经常四处奔波，男孩的求学过程并不顺利。初中时，有次老师叫全班同学写报告，题目是'长大后的志愿'。

那晚他洋洋洒洒写了七张纸，描述他的伟大志愿，那就是想拥有一座属于自己的牧马农场，并且仔细画了一张200亩农场的设计图，上面标有马厩、跑道等的位置，然后在这一大片农场中央，还要建造一栋占地4000平方英尺的巨宅。

他花了好大心血把报告完成，第二天交给了老师。两天后他拿回了报告，第一页上打了一个又红又大的F，旁边还写了一行字：下课后来见我。

脑中充满幻想的他下课后带着报告去找老师：'为什么给我不及格?'

老师回答道：'你年纪轻轻，不要老做白日梦。你没钱，没家庭背景，什么都没有。盖座农场可是个花钱的大工程；你要花钱买地、花钱买纯种马匹、花钱照顾它们。你别太好高骛远了。'老师接着又说：'你如果肯重写一个比较不离谱的志愿，我会重打你的分数。'

这男孩回家后反复思量了好几次，然后征询父亲的意见。父亲只是告诉他：'儿子，这是非常重要的决定，你必须拿定主意。'

再三考虑好几天后，他决定原稿交回，一个字都不改。他告诉老师：'即使拿个大红字，我也不愿放弃梦想。'

蒙提此时向众人表示:“我提起这故事，是因为各位现在就坐在200亩农场内，坐在占地4000平方英尺的豪华住宅中。那份初中时写的报告我至今还留着。”他顿了一下又说:“有意思的是，两年前的夏天，那位老师带了30个学生来我的农场露营一星期。离开之前，他对我说:‘说来有些惭愧。你读初中时，我曾泼过你的冷水。这些年来，我也对不少学生说过相同的话。幸亏你有这个毅力坚持自己的梦想。’”

[书外人语] 不论做什么事，相信自己，别让别人的一句话将你击倒。自己拿定主意，追随自己的梦想。

亡羊补牢

[美] 马瑞林·曼宁

几年前，我参加了一个人际关系方面的课程，其间有过一次独特的经历。老师要求我们列出过去自己曾感羞愧、负疚、缺憾和悔恨的事情。一周后他请大家大声宣读自己所列的清单。这看起来有涉隐私，但确总有勇敢之人自告奋勇。听了别人的陈述，我的清单愈发长起来，3周之后竟达101条之多。之后老师建议我们想法弥补缺憾，向别人真诚道歉，采取行动来纠正自己的过失。我对此举是否能够增进我的人际关系深表疑惑，相反却认为这只能使彼此更加疏远。

一周后，我身旁的一位老兄举手发言，讲了如下这个故事:

我在列举清单时，想起高中时发生的一件事情，我在衣阿华州的一个小镇长大。镇上有个我们孩子们都讨厌的官员。有天晚上，我和两个伙计决定要捉弄这个叫布朗的官员一番。喝了几瓶啤酒，找到一罐红颜料，我们爬到镇子中央的高高水塔之上，在上面用鲜红的颜料写道:

“布朗是个狗娘养的”。第二天，镇上的人们起来后都看到了我们的“大作”。两小时后，布朗把我们三个人弄到他的办公室。我的伙计们承认了错误而我却撒谎抵赖、蒙混过关。

这事都快过去20年了。今天布朗的名字出现在我清单上。我不知道他是否仍在人世。上个周末，我向衣阿华州的家乡打电话查问，果然有个叫罗杰•布朗的先生。我于是给他打电话。铃声响了几下后，我听到：“喂，你好。”我问：“你就是那个叫布朗的官员?”那边沉默了一下，“是的。”“那好，我是吉米•考金斯，我想告诉你那事我也有份。”又是沉默。“我早就知道。”他嚷道。我们于是大笑，相谈得很愉快。他最后说：“吉米，我一直为你感到不安，因为你的伙计们都已摘掉了心病，而你这么多年却一直挂在心上。我应该感谢你打来电话……这是为你着想。”

吉米鼓励我化解我清单上的101条。这费了我两年的时间，但这却成了我以后从事矛盾调解工作的起点和动力。不论冲突纠纷多么严重，我一直记着摒弃前嫌，化解宿怨，亡羊补牢，为时都不算晚。

[书外人语] 弥补一次缺憾，就如同搬开压在心头的一块巨石，会让我们的心灵日益轻松。

我母亲选择的生活

〔美〕玛利亚•拉希安提

小时候我像大多数小孩子一样，相信我的母亲无所不能。她是个精力充沛、朝气蓬勃的女性，打网球，缝制我们所有的衣服，还为一家报纸撰写专栏。我对她的才艺和美貌崇敬无比。

她爱请客，会花好几小时做饭前小吃，摘下花园里的鲜花摆满一屋子，并将家具重新布置，让朋友好好跳舞。然而，最爱跳舞的是母亲自己。

我会入迷地看着她在接待客人前的盛装打扮。直到今天，我还记得我们喜爱的那件配有深黑色精细网织罩衣的黑裙子，把她的金黄色头发衬托得天衣无缝。然后，她会穿上黑色高跟舞鞋，成为在我眼中全世界最美的女人。

可是在她31岁时，她的生活变了，我的也变了。

突然之间，她因为生了一个良性脊椎瘤而弄至瘫痪，平躺着困在医院病床上，从此以后她便永远不能恢复以前的样子了。

她尽力学习一切有关残疾人士的知识，后来成立了一个名叫残疾社的辅导团体。

有天晚上，她带我的妹妹和我到那里去。我从没见过那么多身体上有各种不同残疾的人。她还介绍我们认识一些大脑麻痹患者，让我们知道他们大都和我们同样聪明。她又教我们怎样和弱智的人沟通，指出他们日常都很亲切热情。

由于母亲那么乐观地接受了她的处境，我也很少对此感到悲伤或怨恨。

可是有一天，我家举行一个晚会。当我看到微笑着的母亲坐在旁边看她的朋友跳舞时，突然醒悟到她的身体缺陷是多么残酷。我脑海里再度映现当年母亲容光焕发、翩翩起舞的倩影，不知道她自己是否也记得。我朝她挨近时，看到她虽然面带笑容，却热泪盈眶。我的心情再也无法保持平静，奔回自己的卧房，哭了起来。

我长大后在州监狱署任职，母亲毛遂自荐到监狱去教授写作。我记得只要她一到，囚犯便围着她，专心聆听她讲的每一个字，就像我小时候那样。

她甚至在不能再去监狱时，仍与囚犯通信。有一天，她给了我一封信，叫我寄给一个叫韦蒙的囚犯。我问她信可不可以看，她答允了，但她完全没想到这信会给我多大的启示。信是这么写的：

亲爱的韦蒙:

自从接到你的信后，我便时常想到你。你提起关在监牢里多么难受，我深为同情。可是你说我不能想象坐牢的滋味，那我觉得非说你错了不可。

监狱是有许多种的，韦蒙。

我31岁时有天醒来，人完全瘫痪了。一想到自己被囚在躯体之内，再也不能在草地上跑或跳舞或抱我的孩子，我便伤心极了。

有好长一阵子，我躺在那里问自己这种生活值不值得过。我所重视的所有东西，似乎都已失去了。

可是，后来有一天，我忽然想到我仍有选择自由。看见我的孩子时应该笑还是哭?我应该咒骂上帝还是请他加强我的信心?换句话说，我应该怎样运用仍然属于我的自由意志?

我决定尽可能充实地生活，设法超越我身体的缺陷，扩展自己的思想和精神境界。我可以选择为孩子做个好榜样，也可以在感情上和肉体上枯萎死亡。

自由有很多种，韦蒙。我们失去一种，就要寻找另一种。

你可以看着铁槛，也可以穿过铁槛往外看。你可以作为年轻囚友的做人榜样，也可以和捣乱分子混在一起。你可以爱上帝，设法认识他，你也可以不理他。

就某种程度上说，韦蒙，我们命运相同。

看完信时，我已泪眼模糊。然而，我这时才把母亲看得更加清楚。我再度感觉到一个小女孩对她无所不能的母亲的崇敬。

［书外人语］在人生的任何时候，我们都会有选择的自由：选择快乐还是痛苦，选择坚持还是放弃……

101岁成名的画家

〔美〕佩吉·曼

我认识哈里·莱伯曼先生的时候，他已经是一位百岁老人了。

那一天，天气又热又闷，就连不见阳光的荫凉处也达到40℃的高温。来到他在长岛的住处，我还以为这位老画家一定坐在舒适的空调室里等我。然而出乎我的意料，他正在树荫下专心致志地绘制一幅油画。他告诉我，他刚刚同一个日历出版商签订一项七年的合同，画架上的作品即是其中之一。

老人身材瘦长，脸上皱纹已深，下巴留着一撮胡须，头发花白，但却精神焕发，衣着也很讲究，看上去最多不过80岁。80岁！这正是他开始学习作画时的年纪。

莱伯曼是在一年老人俱乐部里和绘画结下缘分的。那时，老人歇业已有六年。他常到城里的俱乐部去下棋，以此消磨时间。一天，女办事员告诉他，往常那位棋友因身体不适，不能前来作陪。看到老人的失望神情，这位热情的办事员就建议他到画室去转一圈，还可以试画几下。

“您说什么，让我作画？”老人哈哈大笑，“我从来没有摸过画笔。”

“那不要紧，试试看嘛！说不定你会觉得很有意思呢。”

在女办事员的坚持下，莱伯曼来到了画室，平生第一次摆弄起画笔和颜料，但他很快就入迷了，周围的人也都认为这位80岁的老翁简直就是一个天生的画家。81岁那年，老人去听绘画课，开始学习绘画知识。

1977年11月，洛杉矶一家颇有名望的艺术陈列馆举办了其第22届展览，题为：哈里·莱伯曼101岁画展。这位百岁老人笔直地站在入口处，迎接参加开幕仪式的四百多名来宾，其中有不少收藏家、评论家和新闻记者。作品中表现出来的活力赢得许多参观者的赞赏。

老人说道：“我不说我有101岁的年纪，而是说有101年的成熟。我要向那些到了60、70、80或90岁就自认上了年纪的人表明，这还不是生活暮年。不要总去想还能活几年，而要想还能做些什么。着手干些事，这才是生活!”

[书外人语] 在101岁成为一个著名画家确实有许多偶然的成份，但生命的质量以你所做的事情而不是以你所度过的光阴来衡量，这确是必然。

蛤蜊之歌

|黄迺毓

小时候我很喜欢做的一件事，就是帮妈妈检查买回来的蛤蜊里有没有坏的。蛤蜊的外壳看起来都差不多，但是如果一不小心让一个臭掉的蛤蜊混在新鲜的蛤蜊中，那整锅汤就都糟蹋了。所以虽是小事一件，我可一点也不敢掉以轻心，并将此神圣使命视为庄严仪式，用虔诚又恭敬的心情做这件事。

检查的方法是用左手先拿住一个蛤蜊，再用右手捡起其他蛤蜊，一个一个地敲敲看，如果蛤蜊敲出的声音是结实的，就是新鲜的蛤蜊；如果敲的声音是虚的，有点沙哑，不管它的口闭得多紧，还是臭的蛤蜊。

有一天，母亲又买回来一包蛤蜊，我熟练地拿出一个大碗，开始我的鉴定工作。出乎意料之外的是居然“所有的”蛤蜊都是坏掉的！我简直不敢相信我的耳朵，一个一个再敲过一遍，竟仍然“没有一个”蛤蜊是好的！那种感觉很像一位警察到一部公共汽车上去抓扒手，结果发现一车的人都是扒手!

我捧着那一大碗被判刑的蛤蜊去禀告母亲，母亲很是惊讶:“怎么会这样呢?这个卖蛤蜊的从来不会骗我的呀!”

于是母亲大人亲自动手检验，这才发现原来我抓在左手中的那个蛤蜊是坏的：难怪敲起来声音全部不对劲!

这种“原来如此”的恍然大悟的经验，往往在孩子心中烙下深刻的沟痕，然后进入记忆的深处，等候生命的唱盘再度转到那个相似的部位。

大学毕业后我开始工作，我非常的努力，对自己有些期许，也有些要求。但是有一段时间我对周围的人都看不顺眼，在我眼中，“每一个人”都有令我难以忍受的缺点，我很想改造他们，而改造不了时，我又想躲避他们。我觉得自己很倒霉，很不幸，怎么“总”遇到不好的人!

正当我沉醉于自怨自艾时，心中忽然响起“蛤蜊之歌”，难道我就是那个坏掉的蛤蜊?我听到那么多“别人的”沙哑之声竟可能是我本身造成的?按照常理，一个人不会只遇到坏人，周围有些人对你友善，有些人对你不友善，这样的几率最大。那我?那我可能就是那个不友善的人，我用自己的高标准去检验我周围的人，看起来我对大家都不满意，其实我最不满意的人是我自己!

我忘了我震惊于这个内心的自我发现有多久，只记得当时很难过，原来我没我装出来的那么好，别人也没我看到的那么差。我有两个抉择的方向：一个是——把自己装得更好，免得别人看起来更差! 另一个选择则是——开始学着去欣赏别人，因为只有在看到别人的好时，我才会发现自己的好，也才能真正欣赏自己。

这是一段漫长的历程，一开始甚至要“强迫”自己，很像“视力矫正”，要把不顺眼的看到顺眼。每当我想放弃时，就想起那个差点害我将整碗新鲜蛤蜊倒掉的臭蛤蜊。

几年下来，我也体验到原来这项能力不仅改善了我的人际关系，对于教师这个职业也有不可或缺的重要性。面对形形色色的学生，我如何去判断他的旋律和节奏?

没想到吧?这么一件小小的家事训练，竟也可以影响我如此巨大! 你如果没有成为伟人的抱负，至少也可以像我敲敲蛤蜊，学会做个友善的人吧!

[书外人语] 当检测标准系统出了问题时，整个世界就都有了问题。

作家的素质

|栖 云

事情是这样的：一名中文系的学生苦心撰写了一篇小说，请作家批评。因为作家正患眼疾，学生便将作品读给作家。读到最后一个字，学生停顿下来。作家问道:“结束了吗?”听语气似乎意犹未尽，渴望下文。这一追，煽起学生无比激情，立刻灵感喷发，马上接续道:“没有啊，下部分更精彩。”他以自己都难以置信的构思叙述下去。

到达一个段落，作家又似乎难以割舍地问:“结束了吗?”

小说一定摄魂勾魄，叫人欲罢不能! 学生更兴奋，更激昂，更富于创作激情。他不可遏止地一而再再而三地接续、接续……最后，电话铃声骤然响起，打断了学生的思绪。

电话找作家，急事。作家匆匆准备出门。“那么，没读完的小说呢?”

作家莞尔：其实你的小说早该收笔，在我第一次询问你是否结束的时候，就应该结束。何必画蛇添足、狗尾续貂?该停则止，看来，你还没把握情节脉络，尤其是，缺少决断。

决断是当作家的根本，否则绵延逶迤，拖泥带水，如何打动读者?

学生追悔莫及，自认性格过于受外界左右，作品难以把握，恐不是当作家的料。

很久以后，这名年轻人遇到另一位作家，羞愧地谈及往事，谁知作家惊呼：你的反应如此迅捷、思维如此敏锐、编造故事的能力如此强盛，这些正是成为作家的天赋呀！假如正确运用，作品一定脱颖而出。

当停不止不好，但想象丰富非常重要，两位作家，两种认定方式各有千秋。

［书外人语］“横看成岭侧成峰，远近高低各不同。”凡事绝难有统一定论，谁的“意见”都可以参考，但永不可代替自己的“主见”。

少了一个马掌钉

［英］詹姆斯·鲍德温

国王理查三世准备拼死一战了。里奇蒙德伯爵亨利带领的军队正迎面扑来，这场战斗将决定谁统治英国。

战斗进行的当天早上，理查派了一个马夫去备好自己最喜欢的战马。

“快点给它钉掌，”马夫对铁匠说，“国王希望骑着它打头阵。”

“你得等等，”铁匠回答，“我前几天给国王全军的马都钉了掌，现在我得找点儿铁片来。”

“我等不及了。”马夫不耐烦地叫道，“国王的敌人正在推进，我们必须在战场上迎击敌兵，有什么你就用什么吧。”

铁匠埋头干活，从一根铁条上弄下四个马掌，把它们砸平、整形，固定在马蹄上，然后开始钉钉子。钉了三个掌后，他发现没有钉子来钉第四个掌了。

“我需要一两个钉子，”他说，“得需要点儿时间砸出两个。”

“我告诉过你我等不及了，”马夫急切地说，“我听见军号了，你能不能凑合？”

“我能把马掌钉上，但是不能像其他几个那么牢实。”

“能不能挂住?”马夫问。

“应该能，”铁匠回答，“但我没把握。”

“好吧，就这样，”马夫叫道，“快点，要不然国王会怪罪到咱们俩头上的。”

两军交上了锋，理查国王冲锋陷阵，鞭策士兵迎战敌人。“冲啊，冲啊!”他喊着，率领部队冲向敌阵。远远地，他看见战场另一头几个自己的士兵退却了。如果别人看见他们这样，也会后退的，所以理查策马扬鞭冲向那个缺口，召唤士兵调头战斗。

他还没走到一半，一只马掌掉了，战马跌翻在地，理查也被掀在地上。

国王还没有再抓住缰绳，惊恐的马就跳起来逃走了。理查环顾四周，他的士兵们纷纷转身撤退，敌人的军队包围了上来。

他在空中挥舞宝剑，“马!”他喊道，“一匹马，我的国家倾覆就因为这一匹马。”

他没有马骑了，他的军队已经分崩离析，士兵们自顾不暇。不一会儿，敌军俘获了理查，战斗结束了。

从那时起，人们就说：

少了一个铁钉，丢了一只马掌，

少了一只马掌，丢了一匹战马。

少了一匹战马，败了一场战役，

败了一场战役，失了一个国家，

所有的损失都是因为少了一个马掌钉。

［**书外人语**］这个著名的传奇故事出自英国国王理查三世逊位的史实。他1485年在波斯沃斯战役中被击败，莎士比亚的名句“马，马，一马失社稷!”使这一战役永载史册，同时告诉我们一个小小的疏忽会带来多么大的灾难。

河边的苹果

|赵 敏

一位老和尚，他身边聚拢着一帮虔诚的弟子。这一天，他嘱咐弟子每人去南山打一担柴回来。弟子们匆匆行至离山不远的河边，人人目瞪口呆。只见洪水从山上奔泻而下，无论如何也休想渡河打柴了。

无功而返，弟子们都有些垂头丧气。惟独一个小和尚与师傅坦然相对。师傅问其故，小和尚从怀中掏出一个苹果，递给师傅说，过不了河，打不了柴，见河边有棵苹果树，我就顺手把树上唯一的一个苹果摘来了。

后来，这位小和尚成了师傅的衣钵传人。

世上有走不完的路，也有过不了的河。过不了的河掉头而回，也是一种智慧。但真正的智慧还要在河边做一件事情：放飞思想的风筝，摘下一个“苹果”。历览古今，抱定这样一种生活信念的人，最终都实现了人生的突围和超越。

[书外人语] 很多人只盯着奔腾的河水发愁，而看不到河边的苹果树。

等你自杀

机关举行了一次网球赛，结果十分出人意料。那些时常在网球场上如燕子般轻捷潇洒地飞来飞去的男男女女都不是冠军，冠军是他——一位初学者，一位看起来动作十分笨拙可笑的中年人。

冠军确实一点技巧也没有，抽拉、切削，一概不会，他唯一能做的就是将每一个球都弹回去。弹着，对方一恼，猛地抽杀，结果要么不过网，要么出界，“死了”。冠军的做法是，不杀你，等你杀他。他知道你尚欠火候，很有可能“出师未捷身先死”。他是在等你“自杀”。

在性格的较量中这种情况并不少见，有些人从不先发制人，连后发制人也不，他只是极其耐心地与你磨时间——等你受不了——等你急于一决胜负——等你败下阵去。

而实际上，又有哪一种较量不是性格的较量?

［书外人语］《孙子兵法》说：可胜在敌，不可胜在己。就是说先使自己立于不败之地，然后耐心地等待敌人犯错误。

边幅该修还得修

|朗 月

秦茹和乔萍是同一天来到这家著名广告公司应聘美编的，单从两个人的作品上看，技术水平不相上下。不过秦茹在思路方面略胜一筹，因为她在深圳做过3年这个行当，刚刚回到北方来，经验相对于才出校门的乔萍自然要丰富一些。两个人一起被通知参加试用，而且结果很明确，只能留下一个。

秦茹上班时间从来都是一身T恤短裤的打扮，光脚踩一双凉拖，也不顾电脑室的换鞋规定，屋里屋外就这一双鞋，还振振有词地说:“深圳那儿上班的人都这样，再说我这不是穿着拖鞋吗。”不管是在工作台前画图，还是在电脑前操作，只要活干得顺手，一高兴起来准把鞋踢飞。刚开始，同事们还把她的鞋藏起来，和她开玩笑，后来发现她根本不在乎，光着脚也到处乱跑。相反，乔萍是第一次工作，多少有点拘谨，穿着也像她的为人一样——文静、雅致之外，带着少许灵气，她从来不通过怪发型、亮眼妆来标榜自己是搞艺术的，只是在小饰物上展示出不同于一般女孩的审美观点来，说话温温柔柔的，很可爱。

有一天中午，电脑室的空气中忽然飘出腥臭味道，弄得一班人互相用猜疑目光观察对方的脚，想弄清到底谁是“发源地”。后来，大家发现窗台下面有嗦嗦的响声，原来那里放着一个黑色塑料袋，有胆子大的打开来一看，居然是一大袋海鲜。众人的目光不约而同地集中在秦茹身上，没想到这小妮子坦坦荡荡地说：“小题大做，原来你们是在找这个。嗨，这可怪不得我，这里的海鲜只能算是海臭，一点都不新鲜，简直比深圳的差远了。”这时乔萍端过来一盆水：“秦茹姐，把海鲜放在水里吧，我帮你拿到走廊去，下班后你再装走。”秦茹一边红着脸，一边把袋子拎走了。

结果呢，试用期才进行了两个月，秦茹背包走人，尽管她的方案比乔萍做得要好，但是老板不想因为留下这样一个太不修边幅的人，而得罪一大批其他雇员。临走的时候，老板对秦茹说：“你的才气和个性都不能成为你搅扰别人心情的原因，也许你更适合一个人在家里成立工作室，但要在大公司里与人相处，处世得体和合作精神是十分重要的。”

［书外人语］你可以有自由的个性与随意的生活方式，但在公共场合及工作单位，首先要尊重别人，遵守游戏规则。

上帝偏爱她，让她洗厕所

现今，日本国民中广为传颂着一个动人的小故事：许多年前，一个妙龄少女来到东京帝国酒店当服务员。这是她涉世之初的第一份工作，也就是说她将在这里正式步入社会，迈出她人生第一步。因此她很激动，暗下决心：一定要好好干！她想不到：上司安排她洗厕所！

洗厕所！实话实说没人爱干，何况她从未干过粗重的活儿，细皮嫩肉，喜爱洁净，干得了吗?洗厕所时在视觉上、嗅觉上以及体力上都会使她难以承受，心理暗示的作用更是使她忍受不了。当她用自己白皙细嫩的手拿着抹布伸向马桶时，胃里立马“造反”，翻江倒海，恶心得几乎呕吐却又吐不出来，太难受了。而上司对她的工作质量要求特高，高得骇人：必须把马桶抹洗得光洁如新！

她当然明白“光洁如新”的含义是什么，她当然更知道自己不适应洗厕所这一工作，真的难以实现“光洁如新”这一高标准的质量要求。因此，她陷入困惑、苦恼之中，也哭过鼻子。这时，她面临着这人生第一步怎样走下去的抉择：是继续干下去，还是另谋职业?继续干下去——太难了！另谋职业——知难而退?人生之路岂有退堂鼓可打?她不甘心就这样败下阵来，因为她想起了自己初来时曾下过的决心：人生第一步一定要走好，马虎不得！

正在此关键时刻，同单位一位前辈及时地出现在她面前，他帮她摆脱了困惑、苦恼，帮她迈好这人生第一步，更重要的是帮她认清了人生路应该如何走。但他并没有用空洞理论去说教，只是亲自做个样子给她看了一遍。

首先，他一遍遍地抹洗着马桶，直到抹洗得光洁如新；然后，他从马桶里盛了一杯水，一饮而尽喝了下去！竟然毫不勉强。实际行动胜过万语千言，他不用一言一语就告诉了少女一个极为朴素、极为简单的真理：光洁如新，要点在于“新”，新则不脏，因为不会有人认为新马桶脏，也因为背后马桶中的水是不脏的，是可以喝的；反过来讲，只有马桶中的水达到可以喝的洁净程序，才算是把马桶抹洗得“光洁如新”了，而这一点已被证明可以办得到。

同时，他送给她一个含蓄的、富有深意的微笑，送给她一束关注的、鼓励的目光。这已经够用了，因为她早已激动得几乎不能自持，从身体到灵魂都在震颤。她目瞪口呆，热泪盈眶，恍然大悟，如梦初醒!她痛下决心：

“就算一生洗厕所，也要做一名洗厕所最出色的人!”

从此，她成为一个全新的、振奋的人；从此，她的工作质量也达到了那位前辈的高水平，当然她也多次喝过厕水，为了检验自己的自信心，为了证实自己的工作质量，也为了强化自己的敬业心；从此，她很漂亮地迈好了人生第一步；从此，她踏上了成功之路，开始了她的不断走向成功的人生历程。

几十年光阴一瞬而过，如今她已是日本政府的主要官员——邮政大臣。她的名字叫野田圣子。

野田圣子坚定不移的人生信念，表现为她强烈的敬业心:“就算一生洗厕所，也要做一名洗厕所最出色的人。”这一点就是她成功的并不神秘的奥秘之所在；这一点使她几十年来一直奋进在成功路上；这一点使她拥有了成功的人生，使她成为幸运的成功者、成功的幸运者。

孟子说过:“故天将降大任于斯人也，必先苦其心志，劳其筋骨……”这话看来真对！古往今来的无数事例都证实了这一规律。由此，可以说——上帝偏爱她，让她洗厕所。

[书外人语] 如果不是有名有姓，真有其人，我们也许会认为这简直是编造出来的天方夜谭。大家心里会想：洗厕所洗得再好有什么用，还不是个勤杂工嘛。我们也许想成为“邮政大臣”没有人会想成为“洗厕人”，但无论什么样的职业，有一个共同的内涵和要求：如何培养出一流的敬业精神。

并不是想象中那样困难

我们一旦正视困难，就很可能发现并非我们所想象的那样麻烦。有个名为琼斯的新闻记者，极为羞怯怕生，有一天他的上司叫他去访问大法官布兰代斯，琼斯大吃一惊，说道:“我怎能要求单独访问他?布兰代斯不认识我，他怎肯接见我?”

在场的一个记者立刻拿起电话打到布兰代斯的办公室，和大法官的秘书讲话。他说,“我是《明星报》的琼斯(琼斯在旁大吃一惊)，我奉命访问法官，不知道他今天能否接见我几分钟?”他听对方答话，然后说:“谢谢你，1点15分，我按时到。”他把电话放下，对琼斯说：“你的约会安排好了。”

事隔多年，琼斯提到:“从那时起，我学会了单刀直入的办法，做来不易，却很有用。一次克服了心中的畏怯，下次就比较容易一点。”

[书外人语] 不要用想象给自己制造困难，准备行动就是了。

退学的医生

男孩子的父母希望自己的儿子能成为一位体面的医生。可是男孩读到高中便被计算机迷住了，整天鼓捣着一台现在十分落后的苹果机，他把计算机的主板拆下又装上。

男孩的父母很伤心，告诉他，他应该用功念书，否则根本无法立足社会。可是，男孩说:“有朝一日我会开一家公司。”父母根本不相信，还是千方百计按自己的意愿培养男孩，希望他能成为一位医生。

不久，男孩终于按照父母的意愿考入了一所大学的医科，可是他只对电脑感兴趣。在第一学期，他从当时零售商处买来降价处理的IBM个人电脑，在宿舍里改装升级后卖给同学。他组装的电脑性能优良，而且价格便宜。不久，他的电脑不但在学校里走俏，而且连附近的法律事务所和许多小企业也纷纷来购买。

第一个学期快要结束的时候，他告诉父母，他要退学。父母坚决不同意，只允许他利用假期推销电脑，并且承诺，如果一个夏季销售不好，那么，必须放弃电脑。可是，男孩电脑生意就在这个夏季突飞猛进，仅用了一个月的时间，他就完成了18万美元的销售额。

他的计划成功了，父母很遗憾地同意他退学。

他组建了自己的公司，打出了自己的品牌。在很短的时间内，他良好的业绩引起投资家的关注。第二年，公司顺利地发行了股票，他拥有了1800万美元的资金，那年他才23岁。

10年后，他创下了类似于比尔·盖茨般的神话，拥有资产达43亿美元。他就是美国戴尔公司总裁迈克尔·戴尔。

比尔·盖茨曾经亲自飞赴他的住所向他祝贺，比尔·盖茨对他说：“我们都坚守自己的信念，并且对这一行业富有激情。”

每项奇迹的开始总是始于一种伟大的想法。或许没有人知道今天的一个想法将会走多远，但是，我们不要怀疑，只要沉下心来，努力去做，让心中的杂音寂静，你就会听见它们就在不远处，而且伸手可及。

[书外人语] 比尔·盖茨和迈克尔·戴尔是新经济时代的两个经典“神话”：他们都中途退学，都成为世界上顶尖的大富豪。也许他们的传奇经历并没有普遍意义，但至少可以告诉我们一点：做你真正喜欢的事业，不要让传统观念束缚住你。

一张来不及打出的王牌

|周恒峰

第二次世界大战期间，德军为对付盟军舰船，由海军牵头汇集一批物理学家、化学家和爆破专家，花了很长时间，秘密研制成功一种水雷——蛙雷。

这种水雷是靠水压引爆的，舰船无须触雷，只要从它身边经过，使水雷附近的水压发生变化，水雷得到压力即可爆炸。这种水雷的威力是很大的。德国空军率先向最高统帅部提出，用飞机将水雷布设在盟军的港口和便于盟军登陆的海区，让盟军尝尝蛙雷。海军则坚决反对空军布设蛙雷的计划，他们认为，如此有价值的“秘密武器”，必须用在最关键的时刻，过早布设会泄漏天机。经过一番争论之后，最高统帅部采纳了海军的意见，命令将蛙雷封进仓库。

1944年5月，德军已知道盟军将进行大规模登陆作战，于是便令海空军做好布设蛙雷的准备，但由于摸不准盟军确切的登陆时间和地点，迟迟未能下手。6月6日，盟军在诺曼底的突然登陆成功使德军顿时慌了手脚，才急急忙忙在塞纳湾和布列塔尼沿岸布下数千枚蛙雷，但为时已晚，蛙雷还没有发挥作用，失败就已经降临了。

后来盟军获得了蛙雷的样品，当爆破专家小心翼翼地打开蛙雷外壳时，所有在场的人都被蛙雷的灵巧和科学的结构惊呆了。战后许多军事评论家说，如果希特勒当时采纳空军的意见或在诺曼底及时布设蛙雷，德军能否及早灭亡不能肯定，但第二次世界大战的进程向后推移将是毫无疑问的。

[书外人语] 没打出去没发挥作用的牌，无论多好都只能算是废牌一张。

强迫自己

〔美〕吉米·盖茨

在我读中学的时候，我就觉得我必须写点什么。我时常感到自己看到听到的东西老憋在胸中，胀得难受。可每次坐下来，又不知如何下手，有时连标题也想不出。就这样过了许多年。终于有一天，这种令我困惑苦恼的局面发生了变化。那是我在巴塞罗那遇到一个朋友之后，我的这个朋友原来是个小商人，可现在成了一位大饭店的老板。“伙计，”那天晚宴时他对我说，“我失败了许多次，但每次都强迫自己干下去。”他举起酒杯，感慨地环视了一下华丽的餐厅，“这一切都是强迫自己的结果。”

强迫自己！我明白了，以往我有的只是自信，缺乏强迫自己干下去的劲头。从此我强迫自己坐下来，强迫自己写下去，强迫自己接受和解脱痛苦的失败……谢谢那位朋友，我强迫了自己，也有了今天。

〔书外人语〕做是一个比想和说都难过百倍的过程，也是一个要切实战胜自我各种惰性的过程。

成败只差1角钱

澜 涛

那一次求职受益一生。

当我和另外一名对手过关闯隘接受决战时，我对最终取胜充满信心。奇怪的是，聘试公司总经理并未提问，而是带领我和对手去另一家公司签单。距要去的公司只有一站路，总经理建议乘公共汽车去，并递给每人一张5角钱的纸币，嘱每人买自己的票。

票价4角钱，因缺少零币，公共汽车乘务员已养成收取5角钱不找零的习惯，我也便没有索要应找回的1角钱。总觉得为1角钱开口，太丢面子。没想到，我的对手却向乘务员索要找零。乘务员轻蔑的眼神如刀般切割了几眼我的对手，才递出1角钱。一旁的我，幸灾乐祸地想，对手的“财迷”表现或许将让他落败。到站、下车，总经理拍着对手的肩：“你被聘用了——只有懂得坚持自己权益的人，才能够维护公司的利益。”

［书外人语］我们不是说要在生活中处处跟人斤斤计较，但确不可养成因爱面子而不敢坚持自己权益的习惯。

一碗汤的哲理

|江 天

有一次，台湾诗人林先生在日本到一家中国人开的餐馆，要了一份他感兴趣的汤。入座不久，服务生将一大盆汤放在他面前。他一愣，问服务生:“这么大一盆汤，我能喝得了吗?”服务生理直气壮地回答:“你没说明是要一小碗呀!”他一时语塞，匆匆喝了几口汤，心里感到不是滋味，便按一大盆汤的价格付了钱后拂袖而去。

后来，他又到一家日本人开的料理店，要了一份同样的汤，也没有说是一大盆还是一小碗。不一会，服务生给他端来一小碗汤，并说:“如果不够，可再来一碗。”他只喝了一小碗，当然只付了一小碗汤的钱。再后来，他每次去日本，都要到那家料理店用餐，包括喝他感兴趣的汤。

［书外人语］只有切实为顾客着想，而不是想方设法算计顾客的商家，才能长久地赚钱，因为最聪明的永远是顾客。

省略阳光

|林 夕

一家著名的国际贸易公司高薪招聘业务人员，应征者络绎不绝。在众多的应聘者中，有一位年轻人条件最好，毕业于名牌大学，又有在市外贸公司工作三年的经验，所以他坐在主考官面前时，非常自信。

“你在外贸具体做什么?”主考官开始发问。

“做山野菜。”

“哦，做山野菜。那你说说，对业务人员来说，是产品重要，还是客户重要?”

年轻人想了想，说:“客户重要。”

主考官看了看他，又问:“你做山野菜应该知道，山野菜中，蕨菜出口主要是对日本，以前销路非常好，有多少收多少，可是最近几年，国外客商却不要了，你说说为什么。”

“因为菜不好。”

“那你说说，为什么不好?”

“嗯，”年轻人停顿了一下，“就是质量不好。”

主考官看了看他，说:“我敢断定，你没有去过产地。”

年轻人看着主考官，沉默了30秒钟，没有说是，也没有说不是，却反问:“你说说怎么能看出我去没去过?”

“如果你去过，就应该知道为什么菜不好。采集蕨菜的最佳时间只有十天左右，这期间的蕨菜鲜嫩好吃，早了不成，晚了就老了。采好后，要摊开放在地里晾晒一天，第二天翻过来，再晾晒一天，把水分蒸发干，然后再成把捆好，装箱。等食用时放在凉水里浸泡一下就可以了。可是当地农民为了多采多卖，把蕨菜采到家，来不及放在地上晾晒，而是放在热炕上暖，这样只用两个小时就烘干了。这样加工处理的蕨菜，从外表上看都一样，可是食用时，不管放在水里怎么泡，都像老树根一样，又老又硬，根本咬不动。国外客商发现后，对此提出警告，一次，两次，还是如此。结果，人家干脆封杀，再不从我国进口了!”

年轻人听了，不好意思地低下头说:“我是没有去过产地，所以不知道你说的这些事。”

年轻人带着遗憾走出公司的大楼。这位最有希望入选的年轻人，最终没有被录取。这样的结局，从他离开主考官的那一刻，就已经知道了。他非常清楚：像这样著名的公司，是不会录取他这样一个在外贸工作三年、整天陪客户吃饭却没有去过一次产地的业务人员的! 他就像那些一心想加工速成蕨菜的农民，省略了两天的阳光，但最终被烘干的却是自己!

[书外人语] 在真正的市场经济中，质量永远比关系重要。

生命的价值

| 梅 尔

在一次讨论会上，一位著名的演说家没讲一句开场白，手里却高举着一张20美元的钞票。面对会议室里的200个人，他问:“谁要这20美元?”一只只手举了起来。他接着说:“我打算把这20美元送给你们中的一位，但在这之前，请准许我做一件事。”他说着将钞票揉成一团，然后问:“谁还要。”仍有人举起手来。

他又说:“那么，假如我这样做又会怎么样呢?”他把钞票扔到地上，又踏上一只脚，并且用脚碾它。尔后他拾起钞票，钞票已变得又脏又皱。“现在谁还要?”还是有人举起手来。

“朋友们，你们已经上了一堂很有意义的课。无论我如何对待那张钞票，你们还是想要它，因为它并没贬值。它依旧值20美元。人生路上，我们会无数次被自己的决定或碰到的逆境击倒、欺凌甚至碾得粉身碎骨。我们觉得自己似乎一文不值。但无论发生什么，或将要发生什么，在上帝的眼中，你们永远不会丧失价值。在他看来，肮脏或洁净、衣着齐整或不齐整，你们依然是无价之宝。生命的价值不依赖我们的所作所为，也不仰仗我们结交的人物，而是取决于我们本身！你们是独特的——永远不要忘记这一点！”

［书外人语］生命的价值取决于我们自身，除了自己，没人能让我们贬值。

樊姬之力

楚庄王主持朝会处理政事很晚才结束。樊姬走下台阶迎接他，说：“为什么这么晚才结束，不饥饿疲倦吗?”

庄王说:“今天听到忠诚贤明臣子的进谏，不觉得饥饿疲倦。”

樊姬说:“大王您所指的忠贤大臣，是诸侯国中的宾客呢?还是国人中的哪一位?”

庄王说:“就是沈令尹。”

樊姬听说后掩住嘴巴发笑。庄王说:“你发笑是什么原因呢?”

樊姬说:“我侍奉大王，主管沐浴，执掌梳洗工具，整理卧席，已有十一年了，然而我总是派人到齐国、郑国之间，选拔美女进献给大王。现在，与我地位同等的有十个人，比我贤明的有两人。我难道就不想专擅大王的爱宠么?我是不敢以个人的欲望来遮蔽他人的美好啊。我想要大王见得多就更能识辨人。现在沈令尹辅佐楚国多年了，没有见过他举荐贤明的人而贬掉无能的人，又能称得上是忠贤吗?”

庄王第二天朝会时，将樊姬的话说给沈令尹听，沈令尹离座起立，向庄王举荐孙叔敖。叔敖治理楚国三年，楚国就成为霸主。楚国史官执笔在简策上记下:“楚国之所以成为霸主，是樊姬出了力啊。”

[书外人语] 不能发现、举荐一流人才的人，自己就不能算是一流人才。

奇迹诞生的途径

亚 萍

1968年的春天，罗伯•舒乐博士立志在加州用玻璃造一座水晶大教堂，他向著名的设计师菲力普•强生表达了自己的构想:

“我要的不是一座普通的教堂，我要在人间建造一座伊甸园。”

强生问他预算，舒乐博士坚定而明快地说:“我现在一分钱也没有，所以100万美元与400万美元的预算对我来说没有区别，重要的是，这座教堂本身要具有足够的魅力来吸引捐款。”

教堂最终的预算为700万美元。700万美元对当时的舒乐博士来说是一个不仅超出了能力范围甚至超出了理解范围的数字。

当天夜里，舒乐博士拿出一张白纸，在上面写上“700万美元”，然后又写下10行字:

一、寻找1笔700万美元的捐款;

二、寻找7笔100万美元的捐款;

三、寻找14笔50万美元的捐款;

四、寻找28笔25万美员的捐款;

五、寻找70笔10万美元的捐款；

六、寻找100笔7万美元的捐款；

七、寻找140笔5万美元的捐款；

八、寻找280笔25000美元的捐款；

九、寻找700笔1万美元的捐款；

十、卖掉10000扇窗，每扇700美元。

60天后，舒乐博士用水晶大教堂奇特而美妙的模型打动富商约翰•可林捐出了第一笔100万美元。

第65天，一位对听了舒乐博士演讲的农民夫妇，捐出第一笔1000美元。

90天时，一位被舒乐孜孜以求精神所感动的陌生人，在其生日的当天寄给舒乐博士一张100万美元的银行支票。8个月后，一名捐款者对舒乐博士说："如果你的诚意与努力能筹到600万美元，剩下的100万美元由我来支付。"

第二年，舒乐博士以每扇500美元的价格请求美国人认购水晶大教堂的窗户，付款的办法为每月50美元，10个月分期付清。6个月内，一万多扇窗全部售出。

……

1980年9月，历时12年，可容纳一万多人的水晶大教堂竣工，成为世界建筑史上的奇迹与经典，也成为世界各地前往加州的人必去瞻仰的胜景。

水晶大教堂最终的造价为2000万美元，全部是舒乐博士一点一滴筹集而来的。

［书外人语］不是每个人都要建一座水晶大教堂，但是每个人都可以设计自己的梦想，每个人都可以摊开一张白纸，敞开心扉，写下10个甚至100个实现梦想的途径。

第四辑

出奇制胜

动脑的结果

｜[美]麦尔顿

佛瑞迪当时只有16岁，在暑假将临的时候，他对父亲说:“爸爸，我不要整个夏天都向你伸手要钱，我要找个工作。”

父亲从震惊中恢复过来之后对佛瑞迪说:“好啊，佛瑞迪，我会想办法给你找个工作，但是恐怕不容易。现在正是人浮于事的时候。”

“你没有弄清我的意思，我并不是要您给我找个工作。我要自己来找。还有，请不要那么消极。虽然现在人浮于事，我还是可以找个工作。有些人总是可以找到工作的。”

“哪些人?”父亲带着怀疑问。

“那些会动脑筋的人。”儿子回答说。

佛瑞迪在“事求人”广告栏上仔细寻找，找到了一个很适合他专长的工作，广告上说找工作的人要在第二天早上8点钟到达42街一个地方。佛瑞迪并没有等到8点钟，而在7点45分钟就到了那儿。可他看到已有20个男孩排在那里，他只是队伍中的第21名。

怎样才能引起特别注意而竞争成功呢?这是他的问题，他应该怎样处理这个问题?根据佛瑞迪所说，只有一件事可做——动脑筋思考。因此他进入了那最令人痛苦也是令人快乐的程序——思考。

在真正思考的时候，总是会想出办法的，佛瑞迪就想出了一个办法。他拿出一张纸，在上面写了一些东西，然后折得整整齐齐，走向秘书小姐，恭敬地对她说:“小姐，请你马上把这张纸条转交给你的老板，这非常重要。”

她是一名老手，如果他是个普通的男孩，她就可能会说:“算了吧，小伙子。你回到队伍的第21个位子上等吧。”但是他不是普通的男孩，她直觉感到，他散发出一种自信的气质。她把纸条收下。

落紅不是無情物 化作春泥更護花
子愷

小故事中的大智慧　　[小中见大☺智慧文丛]

"好啊!"她说,"让我来看看这张纸条。"她看了不禁微笑了起来。她立刻站起来，走进老板的办公室，把纸条放在老板的桌上。老板看了也大声笑了起来，因为纸条上写着：

"先生，我排在队伍中第21位，在你没有看到我之前，请不要作决定。"

他是不是得到了工作?他当然得到了工作，因为他很早就学会了动脑筋。一个会动脑筋思考的人总能掌握住问题，也能够解决它。

[**书外人语**] 处于第21的位置，是没有什么优势可言的，但动脑子的结果却使他战胜了占据有利地位的对手，试一试，你同样可以。

三分之一效应

于 德

如果有一条商业街，或路边有一溜大排档有铺位出租，你想租一个铺位开店，那么，租哪段位置的铺位最好呢?

或者许多想当老板的人有这样的心理：租路口或街口当头一间，截住顾客，先吃头啖汤，生意一定最好!

如果你这样选择，那就错了，大错特错! 因为老板的心理不同顾客的心理，老板想多赚钱而顾客却想少花钱，两者的心理恰恰是相反的，你想生意好，必须从顾客的心理去考虑。

在得出答案之前，先给你讲个小实验：

某班分到两张音乐会的票，大家都想去，于是只好抽签。签做好后，班长耍了个小花招，将签排成一排，让同学们先抽，以示公平，剩下最后一张才是他的。

同学们一个个把签抽走，全是空白，最后，一行签仅剩下第一张和最后一张，两张都写着“有”字，可见班长并不骗人，他也得到了如其所愿的一张票。

其实班长只搞了个小小的心理战，因为大家都觉得，总的来说抽哪个签机会都差不多，但对第一个和最后一个大家心理上就会有一点儿抗拒：不可能那么巧，两张票就会落在最前和最后！于是，在没有特别心理提示的情况下，绝大多数人都觉得从中间随手抽一张机会大些。

让我们再回到铺位选择上来，当顾客走进一条商业街时，通常不甘心在第一间店便成交，他总得走走看看，货比三家，怕自己上当。当走得差不多了，看也看过了，比也比过了，便会找一间成交，通常不是最前和最后。如果这条街是一眼看到头的，多数人也不会特意选最中间，而是两头三分之一处机会最大。而价格几乎一律相同的日用小摊档如青菜摊、凉茶摊之类情况与此相反，那是顾客越方便的摊位越好。

这里说的是一般情况，如果你经营得特好或特差，在熟客中造成了很大的声誉差距，情况就会发生变化。

[书外人语] 任何事物中都有其内在的规律，有些人只是停在表面上“想当然”，另外一些人则深入其中“想其所以然”。

他山之石

一百多年前，医生们虽然能够进行外科手术，但是死亡率却非常高。十个手术病人之间，一半以上的病人会感染死去，明明手术很成功，但伤口却发红发肿，化脓溃烂，最后痛苦地死去。医生们不知道这是什么原因，也不知道怎么防止感染。

英国医生李斯特是一个很出色的外科医生，虽然他的外科技术很高超，但也无法防止病人手术后的感染，经常眼睁睁地看着病人死去。苦恼的李斯特一直在积极寻找着解决问题的办法，与其他外科医生不同的是，他的目光并没有仅仅局限于外科手术这一狭小的范围之内。

有一次，李斯特看到法国出版的一本生物学杂志，里面有一篇法国科学家巴斯德的探讨生命起源的论文。巴斯德通过大量实验证明：生命不是无中生有，是空气中的生命孢子进入的结果；有机物的腐败和发酵也是微生物进入的结果。

这篇文章表面看起来与李斯特的外科手术并没有直接关系，但李斯特却从中汲取了丰富的营养。他想：病人伤口的感染化脓，不也是一种有机物的腐败现象吗?这个看不见的微生物世界，影响着我们的生活，也肯定影响着外科手术。

根据这种思想，李斯特在手术之前严格地洗手，将手术器械严格地煮沸，在伤口上用煮沸过的纱布包扎，以防止空气中的微生物感染伤口。后来他又寻找到一种杀灭细菌的药剂。运用这些办法以后的手术，死亡率大大降低。

就这样，李斯特从一篇表面上看来似乎毫不相关的文章中受到启发，从而创立了消毒外科学。

[书外人语] 他山之石，可以攻玉。一个领域的重大突破，往往会给整个人类生活带来全新的气象。问题在于能不能尽快地注意到这些突破，并将之与自己的领域联系起来。

德国舰队智闯海峡

第二次世界大战期间，纳粹德国给世界人民带来巨大的灾难。但在战争期间，其军事将领们也给战争史留下许多经典战例。

1942年2月12日中午，英国海军和空军重兵布防的英吉利海峡上空，一架英国战斗机在例行巡逻。突然，飞行员发现有一队德国舰队大摇大摆地从远处开了过来，他立即将这一发现向司令部报告。英国司令部的军官们大惑不解：德国舰队怎么可能在大白天从英吉利海峡通过，是不是飞行员搞错了?英国人忙于思考和争论，却没顾及到时间正一分分溜走。直到过了近一个小时，又一驾英军侦察机发现德舰已经闯入海峡最窄也是最危险的地段了，并且正在全速行驶。英军指挥官们这才意识到敌情的严重性，等他们判定真相，调集部队，下令进攻时，德国舰队已然远离了最危险的地段，给其致命打击的机会已然丧失。整个下午，英军虽然不断出动飞机、驱逐舰对德国舰队进行拦截，但由于仓促上阵，反而被严阵以待的德军沉重打击。就这样，德国人在英国人的眼皮底下，将驻泊在法国布雷斯特港内的舰队顺利地移至挪威海面，增强了那里的战斗力。

原来，这一切都是德军为完成这次战略转移精心策划的大胆行动。因为从法国到挪威有两条路线可走，一条是向西绕过英伦诸岛北上，这条航线路途遥远，费时费力，如果遭遇兵力占绝对优势的英国军队，后果不堪设想；另一条航线则是直穿英吉利海峡，但此处有英海空军的重兵布防，同样是危机重重。最后，德军指挥官经过反复权衡后，决定在英国根本没有想到的情况下，出其不意地闯过英吉利海峡，在夜间出发，白天通过英吉利海峡最危险的多佛和加来之间的地段。

这一大胆冒险的行动果然成功，庞大的德国舰队在飞机的掩护下，在英国人认为绝不能的时候出现，在英军来不及判断和阻挠的情况下，明目张胆地闯过英吉利海峡，给英国人上了一堂生动的战争教学课。

[书外人语] 看似最危险之处，也许就是安全之处，看似最强大之处，也许却是最薄弱之处：因为这一切都出乎对手的意料。

百万身价的人

|刘燕敏

两个青年一同开山，一个把石块砸成石子运到路边，卖给建房的人；一个直接把石块运到码头，卖给杭州的花鸟商人。因为这儿的石头总是奇形怪状，他认为卖重量不如卖造型。3年后，他成为村上第一个盖起瓦房的人。

后来，不许开山，只许种树，于是这儿成了果园。每到秋天，漫山遍野的鸭梨招徕八方客商，他们把堆积如山的梨子成筐成筐地运往北京和上海，然后再发往韩国和日本。因为这儿的梨，汁浓肉脆，纯正无比。

就在村上的人为鸭梨带来的小康日子欢呼雀跃时，曾卖过石头的那果农卖掉果树，开始种柳。因为他发现，来这儿的客商不愁挑不到好梨子，只愁买不到盛梨子的筐。5年后，他成为村里第一个在城里买房的人。

再后来，一条铁路从这儿贯穿南北，这儿的人上车后，可以北到北京，南抵九龙。小村对外开放，果农也由单一的卖果开始谈论果品加工及市场开发。就在一些人开始集资办厂的时候，还是那个村民，在他的地头砌了一垛3米高、百米长的墙。这垛墙面向铁路，背依翠柳，两旁是一望无际的万亩梨园。坐车经过这儿的人，在欣赏盛开的梨花时，会突然看到四个大字：可口可乐。据说这是五百里山川中唯一的一个广告，那垛墙的主人凭这垛墙，第一个走出了小村，因为他每年有4万元的额外收入。

20世纪90年代末，日本丰田公司亚洲区代表山田信一来华考察，当他坐火车路过这个小山村时，听到这个故事，他被主人公罕见的商业化头脑所震惊，当即决定下车寻找这个人。

当山田信一找到这个人的时候，他正在自己的店门口与对门的店主吵架，因为他店里的一套西装标价800元的时候，同样的西装对门标价750元，他标价750元的时候，对门就标价700元。一月下来，他仅批发出8套西装，而对门却批发出800套。

山田信一看到这种情形，非常失望，以为被讲故事的人欺骗了。当他弄清真相之后，立即决定以百万年薪聘请他，因为对门的那个店也是他的。

[书外人语] 物质和知识的贫穷并不可怕，可怕的是想像力和创造力的贫穷。必须有与众不同的想法，才能有与众不同的收获。

计　谋

马克·吐温小时候，有一天因为逃学，被妈妈罚着去刷围墙。围墙有30码长，比他的头顶还高。

他把刷子蘸上灰浆，刷了几下。刷过的部分和没刷的相比，就像一滴墨水掉在一个球场上。他灰心丧气地坐下来。

他的一个伙伴桑迪，提只水桶跑过来。“桑迪，你来给我刷墙，我去给你提水。”马克·吐温建议。桑迪有点动摇了。“还有呢，你要答应，我就把我那只肿了的脚趾头给你看。”

桑迪经不住诱惑了，好奇地看着马克•吐温解开脚上包的布。可是，桑迪到底还是提着水桶拼命跑开了——他妈妈在瞧着呢。

马克•吐温又一个伙伴罗伯特走来，还啃着一只松脆多汁的大苹果，引得马克•吐温直流口水。

突然，他十分认真地刷起墙来，每刷一下都要打量一下效果，活像大画家在修改作品。

“我要去游泳。”罗伯特说，“不过我知道你去不了。你得干活，是吧？”

“什么？你说这叫干活？”马克•吐温叫起来。“要说这叫干活，那它正合我的胃口，哪个小孩能天天刷墙玩呀？”他卖力地刷着，一举一动都特别快乐。罗伯特看得入了迷，连苹果也不那么有味道了。“嘿，让我来刷刷看。”“我不能把活儿交给别人。”马克•吐温拒绝了。“我把苹果核儿给你。”罗伯特开始恳求。“我倒愿意，不过……”

“我把这苹果给你！”

小马克•吐温终于把刷子交给了罗伯特，坐到阴凉里吃起苹果来。看罗伯特为这得来不易的权利努力刷着。

一个又一个男孩子从这里经过，高高兴兴想去度周末。但他们个个都想留下来试试刷墙。

马克•吐温为此收到了不少交换物：一只独眼的猫，一只死老鼠，一个石头子，还有四块橘子皮。

［**书外人语**］美国前总统杜鲁门曾这样说，领导是具有这种能力的人：让人去做不愿做的事，并喜欢做。

要帮助，不要教训

〔英〕爱丽丝·达文斯

有一天，我坐在游泳池附近，忽然听到人声嘈杂，再一看，池水深处有个人忽沉忽浮。这时，一个男人跑到游泳池边上，大声叫:“屏住气！屏住气!”一个女人也跑到池边上，狂喊:“躺在水上，浮着!”他们的喊声引起了救生员的注意，他奔到游泳池的尽头,“扑通”一声跳下去，把那遇险的男子救了上来。救生员后来对我说:“天晓得，怎么没有人叫救命?人都快淹死了，还教他游泳!”

几个星期之后，我参观一所学校的餐厅，救生员的这句话对我很有帮助。我见到一个衣衫褴褛的小女孩走近餐桌，盘子里的牛奶突然打翻了。有人跑上前去把泼出来的牛奶擦掉。一位教师告诉她拿东西应该小心一点，有几个同学嘲笑她笨手笨脚。可怜那小女孩似乎不知怎么办好，只是站在那里发呆，一句话都说不出来。我想起那句话，心想她可能没有钱再买牛奶。于是我走过去，买了瓶牛奶放在她的盘子里。她立刻露出如释重负和感激的表情，我知道我猜对了。

别人遇到危险，我们应该见义勇为，采取真正有帮助的行动。别人遭到困难，我们应该头脑清醒地采取实际行动而不是指手画脚。

当然，有时候对一些事不可操之过急。我认识一位牧师，他和一个肉贩子的交情很不错。“我每次去买肉，总要跟他聊聊天。”牧师告诉我,“而且我们常常一起去钓鱼。我知道他是酒鬼，可是从来不谈这方面的事。”亲友们多次规劝肉贩子戒酒，有的说:“再这样下去，会喝烂你的心肺!”还有的说:“嗜酒如命，定会自毙!”然而无论怎样劝说都没有用。于是便请牧师帮忙，可是牧师不肯，他只是和肉贩子继续往来。

有一天，肉贩子到牧师那里去，流着眼泪。“我儿子刚才对我说，他有两样东西不喜欢：一是落水狗，二是酒鬼，因为都有一身的臭味。

你肯帮助烂酒鬼吗?”

牧师等待这一天已经很久了。于是牧师请一位医生共同协助。“15年来他再也滴酒不沾。”牧师说,“有一次我问他:‘你为什么不要别人帮助而来求助于我?’他说:‘因为只有你从来没有逼过我。’”

帮助人，并没有一定的方式。有一次我坐飞机，邻座的一位年轻军人用恳求的语气对我说:“太太，我可以跟你讲话吗?”我点点头。他差不多讲了一个多钟头。他说他离家一年多了。这一年他在战场上，日子像噩梦，只见弟兄们一个个死掉，他自己也挂了彩，一只腿残废了。飞机快到他家乡时，他越来越紧张，他的手在抖。可是他继续不停地讲。他变了许多，他的父母能了解吗?还有他的女朋友——他们是靠书信互寄相思的。

飞机降落在跑道上了，他惊喊起来:“哎呀，糟了，镇上的人都来了!”空中小姐走过来，告诉他该下飞机了。他不作声。我起身替他解释。“先生，怕什么?”空中小姐说,“你身上的勋章又不是白得的!”别的乘客也七嘴八舌地催他，可是他就是不动弹。“咳!那年轻人傻住了。”一位外国乘客说,“我去打他一个嘴巴!”

“不行。”我抗议道。我把脸贴近那年轻人的脸，带着惶急的声音说:“我的心脏病又发作了，恳求你能快扶我下飞机!”

这句话真灵验，他果然小心翼翼地扶我下了飞机。我们一下飞机，便有个姑娘从人群里喊他的名字，飞奔过来。她一到我们面前，我便转身走上飞机。“你怎么对他会这样应付自如呢?”空中小姐问我。“是一位救生员教我的。”我回答说。

[书外人语] 当一个人置身困境时，最需要的当然是实际的援助之手而不是喋喋不休的嘴巴。

副总统之路

|流 沙

1888年，美国银行家莫尔当选副总统。在他执政期间，声誉卓著。当时，美国农业部的一位秘书威尔逊知道副总统本人原先曾是一个小布匹商人。从一个小商人到副总统，为什么会发展得这么快，他研究了莫尔的成长经历，发现莫尔在布匹生意特别好的时候，突然放弃生意，转向金融业，最终以此发家，走向政坛。可当时莫尔为什么会放弃这么好的生意呢?威尔逊感到十分奇怪。

他带着问题拜访了莫尔。莫尔说：我做布匹生意真的很成功。可有一天，我读了一本文学家爱默尔的书，书中的一段话打动了我，书中是这样写的：

一个人如果拥有一种人家需要的才能和特长，不管他处在什么环境什么角落，有一天终会被人发现。

这段话让人怦然心动，冥冥中我觉得自己应该走向更广的空间发展。这使我想到了当时最重要的金融业，于是，我不顾别人的反对，放弃布匹生意，改营银行。在稳妥可靠的条件下进行运作，许多人和企业都愿意找我，因此，我的银行经营十分成功，最终成为金融巨头。

莫尔用智慧垒起自己的人生高度，他成功的故事，让人想起小时候曾经听到过这样一首歌谣，“有智吃智，无智吃力”。这歌谣形象生动，令人反省。一个人立于社会，说到底只有两种谋生手段，用智和用力，要么靠一身力气，要么靠自身的智慧，智慧往往可以改变一个人的命运。

人生中许多“枢纽”有时是一句话，有时是一本书……你若意识到了，就要紧紧抓住它，开创生命中另一片天空。

［书外人语］成功的布匹商人不一定就是优秀的银行家，这种转行应该说有一定的风险。但我们可以借鉴的是莫尔的这种思路，更早更及时地给自己准确地定位。

价　　值

|文　彦

在英国的一个拍卖会上，最后要拍卖的是一张很古老、很值钱的邮票，全世界只有两张。经过一番激烈角逐，富商洛克中标。

洛克走上前台，高高举起那张价值连城的邮票，得意洋洋地向台下的观众展示，大家既羡慕，又忌妒。这时洛克拿出一个漂亮的打火机，当着众人的面把邮票给烧了。全场哗然，大家指责他说:“这是价值500万美元的邮票，怎么说烧就烧呢?如果你嫌钱多，干脆捐给我们好了……”

洛克笑而不语，他的助理从一个金色的盒子里拿出一张一模一样的邮票，洛克接过来说:“各位请看，刚才被烧掉的邮票全世界只剩两张，一张500万美元，可是现在只剩这一张了，你们说，这张价值多少?”

［书外人语］据说原来齐白石的画很值钱，可后来京城一家拍卖行费尽心力举办了一次大规模的专场拍卖会后，行情就上不去了。多了就不值钱，这就是艺术品的价值规律。

圈　　套

|李阳泉

一次，中国外贸人员同英国裘皮商人谈判。休息时，英商凑到陪谈人员身边递烟搭讪问道:“今年狼皮比去年好吧!”中方人员随意应了声:“不错。”英商紧跟一句:“如果我想买15万到20万张不成问题吧?”陪谈人员仍不经意地回答:“没问题。”一枝烟未吸完，英国商人已在不知不觉中摸到中方重要商情并设下圈套。

在随后的谈判中，英商主动向中方谈判人员递出5万张黄狼皮的稳盘，价格比原方案高5%。中方谈判人员没料到这是花招，反认为他要抢买，在别的竞争者前面先出高价挤垮别人以达到垄断货源之目的。为此中方还为卖得理想的价格而沾沾而喜。

可是两天之后，就有客户向中方反映，有人按低于中方的价格在英国市场抛售中国黄狼皮。直到此刻，中方谈判人员冷静分析了业务谈判的前前后后，方才恍然大悟，原来该商人有意递出价高5%的稳盘，稳住中方，因为他给的价高，其他商人便难以问津了。同时在中国黄狼皮高牌价下，他则在英国市场上按原价大量抛售其几十万张存货，以微小的代价先于中方出售，这样他的积压货倾销出去了，而中国向其他国家报出的价格却被全部顶了回来。

商务谈判与其说是利益的抗衡，不如说是智慧的较量。谁掌握着谈判对方的底细，谁就掌握着主动权，利益的天平就会向谁倾斜。

[书外人语] 做生意要以诚信为本，可也不能不防“小人”，商务谈判，商战竞争中不能过于老实，不能欺骗顾客，但不能不防对手。

一加一大于二

小 豆

在奥斯维辛集中营，一个犹太人对他的儿子说:“现在我们唯一的财富就是智慧，当别人说1加1等于2的时候，你应该想到大于2。”纳粹在奥斯维辛毒死536724人，父子俩却活了下来。

1946年，他们来到美国，在休斯敦做铜器生意。一天，父亲问儿子一磅铜的价格是多少?儿子答35美分。父亲说:“对，整个得克萨斯州都知道每磅铜的价格是35美分，但作为犹太人的儿子，你应该说3.5美元。你试着把一磅铜做成门把看看。”

20年后，父亲死了，儿子独自经营铜器店。他做过铜鼓、做过瑞士钟表上的簧片、做过奥运会的奖牌。他曾把一磅铜卖到3500美元，这时他已是麦考尔公司的董事长。

然而，真正使他扬名的，是纽约州的一堆垃圾。

1974年，美国政府为清理给自由女神像翻新扔下的废料，向社会广泛招标。但好几个月过去了，没人应标。正在法国旅行的他听说后，立即飞往纽约，看过自由女神像下堆积如山的铜块、螺丝和木料，未提任何条件，当即就签了字。

纽约许多运输公司对他的这一愚蠢举动暗自发笑。因为在纽约州，垃圾处理有严格规定，弄不好会受到环保组织的起诉。就在一些人要看这个得克萨斯人的笑话时，他开始组织工人对废料进行分类。他让人把废铜熔化，铸成小自由女神像；他把木头等加工成底座；废铅、废铝做成纽约广场的钥匙。最后，他甚至把从自由女神身上扫下的灰尘都包装起来，出售给花店。不到3个月的时间，他让这堆废料变成了350万美元现金，每磅铜的价格整整翻了1万倍。

在商业化社会里，是没有等式可言的。当你抱怨生意难做时，也许有人正因点钞票而累得气喘吁吁。这里面的差别可能就在于：你认为1加1应该等于2，而他认为1加1永远大于2。

［书外人语］每一种行业中，都有人赚大钱，有人赚小钱，有人赔钱。其实大家的脑子都差不多，只不过有人用得多，有的人整天都让大脑休息。

劣势与优势

|艾 琳

有的时候，人的劣势未必就是劣势，可能反而成了优势。

有一个十岁的小男孩，在一次车祸中失去了左臂，但是他很想学柔道。

最终，小男孩拜一位日本柔道大师做了师傅，开始学习柔道。他学得不错，可是练了三个月，师傅只教了他一招，小男孩有点弄不懂了。

他终于忍不住问师傅:“我是不是应该再学学其他招术?”

师傅回答说:“不错，你的确只会一招，但你只需要会这一招就够了。”

小男孩并不是很明白，但他很相信师傅，于是就继续照着练了下去。

几个月后，师傅第一次带小男孩去参加比赛。小男孩自己都没有想到居然轻轻松松地赢了前两轮。第三轮稍稍有点艰难，但对手还是很快就变得有些急躁，连连进攻，小男孩敏捷地施展出自己的那一招，又赢了。就这样，小男孩迷迷瞪瞪地进入了决赛。

决赛的对手比小男孩高大、强壮许多，也似乎更有经验。有一度小男孩显得有点招架不住，裁判担心小男孩会受伤，就叫了暂停，还打算就此终止比赛，然而师傅不答应，坚持说:“继续下去!”

比赛重新开始后，对手放松了戒备，小男孩立刻使出他的那招，制服了对手，由此赢了比赛，得了冠军。

回家的路上，小男孩和师傅一起回顾每场比赛的每一个细节，小男孩鼓起勇气道出了心里的疑问:“师傅，我怎么就凭一招就赢得了冠军?”

师傅答道:“有两个原因：第一，你几乎完全掌握了柔道中最难的一招；第二，就我所知，对付这一招唯一的办法是对手抓住你的左臂。”

所以，小男孩最大的劣势变成了他最大的优势。

[书外人语] 只要懂得扬长避短就无劣势可言。再聪明些的话，也可以把劣势变成特点或优势。

一盆奇妙的花

有一对夫妇开车经过乡下的一家餐厅。停下来用餐时，太太想去一下洗手间。一进洗手间便看见一盆盛开的鲜花摆在一张陈旧却非常雅致的木头桌子上。洗手间里收拾得很整齐，可以说一尘不染。这位太太使用过之后，也主动把洗手台擦拭得干干净净。太太上车前对餐厅老板说，那些鲜花可真漂亮。

“谢谢，”老板得意地说，“你知道吗，我在那里摆鲜花已经有十多年了。你绝对想不到那小小的一盆花替我省了多少清洁工作。”

用一点巧心，就可以使我们所处的环境更美好，毕竟干净的环境人人都不想破坏，但如果一个地方脏乱，只会变得更加脏乱。让我们永葆一颗干净的心灵，以致一点污秽都能立即察觉，同时也因此能和那些心灵高尚的人彼此影响。

[书外人语] 干净的人到了脏地方也想脏一下，脏的人到了干净地方也想干净一下，这也许就叫做“入乡随俗”。

请求帮忙

请求别人帮忙的技巧，是一个七十多岁、容貌优雅的女士，在许多年以前教我的。她脸上只有两种表情，快乐或是非常快乐。

有一天晚上，在人际关系的课堂上，我正和学生讨论到店员使他们受气的情形。我们举了很多例子，有些店员对顾客根本不理不睬，有的则态度恶劣，没有礼貌。

最后轮到这位女士发言，她说:“我并不责怪这些可怜的店员，有时顾客对他们也很不客气，不尊重他们。我常常享受他们最亲切的服务，他们都对我很好，我有一套方法。”

于是她告诉我们她的方法:“我走到店员前面，向她微笑着说:‘你可以帮我忙吗?’我几乎从来没有被拒绝过。”

有谁忍心拒绝一位笑脸迎人、可爱的小妇人的请求协助?

不过这只是秘诀的前半部。她继续解释后半部:“我很快再补充说，我对我所要买的这项东西不很了解，我需要店员提供意见。不管我只是买一个小小的纽扣或买冰箱，我都运用同样的方法。那些店员总是急切地想帮我忙，而且尽可能拿所有的样式出来给我挑选。”

你可以将这方法运用到机票柜台、百货公司、旅馆、计程车和餐厅，你还可以更广泛的运用到很多地方。

[书外人语] 许多时候我们不要一味地要求别人该怎么做，也许自己做一些改变，就会有很好的效果。

应聘成功只需三句半

| 沈永昌

报载某公司招聘推销员，特选左弯右拐的某大厦某层某号房，负责招聘的三名男子坐在房内聊天。一名应聘者敲门后推门进去，出现了“三句半话”的招聘对话。

“请问这是XX公司的招聘办公室吗？”

“你搞错了，这里不是。”

应聘者出门看看房号，又走进来说：“对不起，招聘启事上写的就是这里呀。”

“哦，可现在还没到面试时间呢。”

“那我可以坐在这里和你们聊聊吗？”应聘者又问。

“别等了，要招的人已经满了。”招聘者似乎是关门的回答。

应聘者未就此罢休，说：“可是招聘启事上的截止时间是明天，请听听我的自我介绍，给我一个机会，我会回报你们一个惊喜。”

听完这应聘者简洁明了的话语，三名招聘者相视一笑，只说了半句话“行”，应聘者就这样被录用了。而在他之前，招聘者用前面的三句话就把10多名应聘者打发走了。

这种出人意料的招聘方式似乎有点奇特，然而，招聘单位招用的是商品推销员，这种职业需要员工有敏锐的判断力和自信度，而且要有与不同人群都能相处的融洽性，更要有百折不挠、锲而不舍的坚忍性。而一些应聘者进门一听说“搞错了”就向后转了；也有一些应聘者一听“别等了，人已满了”，也就打道回府了；这些应聘者与那个一而再、再而三的应聘者相比较，推销员应具备的素质显而易见。由此可见，职场如战场，在人才市场招聘的竞争中，招聘的方式是多种多样的，应聘者切不可想当然，急于求成，一定要从容不迫，仔细认真，在应对各种复杂局面中显露自己的才华，在公平竞争中出奇制胜，使自己优先获得成功。这是“三句半话”招聘给应聘者带来的启迪。

［书外人语］笔者本人也主持过一些招聘面试，与许多求职者有过接触。通常的情况下，也许没有“三句半”这样特殊，但求职者对这份工作的渴望、重视程度，以及是否能锲而不舍地坚持，都是决定其成败的重要因素，怕丢面子而轻易放弃的人很多。

激　励

英国海军名将威尔逊，常常激励部属完成伟大的功业，这种才能从小就表现不凡。

有一年冬天，英国遭遇了一场暴风雪，他弟弟望着屋外的大雪，心生畏惧，裹足不前，想旷课一天。威尔逊知道后，声情并茂，向弟弟晓以大义，男儿不可因一点小小困难就退缩，吃得苦中苦方为人上人……

弟弟听了非常感动，打开家门冒着狂风暴雪去学校——帮哥哥请病假。

［书外人语］能够煽动别人为自己卖命的人堪称领导天才。

我帮你们买饭

一位到南方闯世界的小伙子，在应聘一家鞋厂的推销员工作时，因学历不够而被拒绝。他找到业务部经理，陈述自己的优势。经理最后说:“你等等吧，面试全部结束后，你再来试试。”

在等待时，小伙子做了一件事，他后来这样叙述道：

“我又怀着希望站在厂门口等候。反正我也没其他地方可去。然而我的肚子却不让我安心等候，已经快11点了，又没有吃早餐，我早已饿得有气无力了。而面试的速度很慢，一个个填表、问话，到现在还有七八十个人排队等着，看样子起码要到下午四五点钟才能做完。这时我已经不敢指望去这家厂里吃午饭了。可是这家工厂附近只有一间杂货店，要吃饭得穿过公路，再向前走到很远的商业区去。我没那个心思地老远去吃一顿饭，就忍住饥饿继续看那些大学生面试。看来他们也饿得不行了。许多人无力地靠在墙上，也许和我一样没吃早餐吧。但他们又不敢走远，怕错过了面试。有人唉声叹气地叫饿，说要是有人帮着买盒饭来就好了，可以给他脚钱。听了这话，我不禁灵机一动，这可是个挣钱的机会啊！我走上前说:‘我帮你们买饭。’他们像遇到救星似的，纷纷掏钱给我。他们主动给我跑腿的钱，我先是推辞，但我越推辞，他们越坚持要给，说帮人做事哪有不收钱的。我收了20多个人的钱，然后穿过公路走到商业区，找到一家快餐店，说要订60盒快餐，问价钱可不可以便宜一点，老板说：可以，5元一盒的4元给你。我说付一半的钱，你叫个伙计帮我把饭抬回去，顺便收那一半的钱，老板也答应了。

“我和那伙计将60盒饭抬到鞋厂门口，将20多盒交给那些托我买饭的人，剩下30多盒以每盒6元出售，没想到一下子就被那些饿慌了的人抢光了，我心里直后悔没多订些，搞到我自己都没得吃。我交了另外一半饭钱给店里的伙计，数一数剩下的钱，我竟然赚了100多元钱！

“我高兴得忘了自己还在等待面试，拿着钱就要走，这时听见有人‘喂，喂’直叫，回头一看，是那个业务经理，他正朝我招手呢。原来他看见我卖饭的情景了，竖着大拇指说：‘小伙子，不错啊，有头脑，看来刚才你不是吹牛皮，我决定破格录用你为我厂的推销员。’我一时还没意识到命运有了转机，竟傻乎乎地说：‘等一下再说吧，我先去吃饭。’而那个经理误以为我是在故意吊他的胃口，其实我是因为赚了钱，高兴得忘乎所以了。经理说：‘你别走了，到我们厂里来吃饭吧，现在12点，刚好赶上吃午饭。’

“我这才感觉到自己好运临头，欢喜得不知说什么才好。”

［书外人语］有才华的人，随时随地都可以抓住机会。

第五辑

雕刻灵魂

爸爸的电报

|张 鸿

刚念大学时，爸爸和我商定好，每月的15日给我寄500元的生活费。

因为开支毫无规律可循，三天两头地，我就找个理由与同寝室的舍友们到校园餐馆挥霍一顿。

第一个月，爸爸容忍了我，提前把第二个月的生活费寄了过来。然而我却恶习难改，第二个月、第三个月依然如此。

终于，在离第四个月的收款日还遥遥无期的时候，我又捉襟见肘了。

万般无奈我拍了一封极其简短的电报回家："爸爸，饿坏了。"

爸爸很快就回了电报，也很简短："孩子，饿着吧。"

生活真是太伟大了，在其后只有十块钱的十天里，我绞尽脑汁地节衣缩食，出手之前锱铢必较，竟然也把那段难挨的日子熬过去了。

从那以后，我学会了精打细算，而且我还发现，其实只要稍稍收敛一下不必要的支出，每月400元生活费就够用了。这样，每月我都可以积攒下一些盈余，这些钱可以买书、买卡带、买CD、旅游、捐款，当然也包括吃餐馆，但是比起单一地花在吃上，当然是有意思得多。

[书外人语] 不舍得让孩子挨饿受罪的父母，是无法让孩子学会生活的。

穷人的成本

| 王国华

姐妹3个，最大的14岁，最小的7岁。在一次车祸中，她们的父母不幸丧生。只剩下身体有病的爷爷带着3个孙女一起生活。这年夏天，姐姐考上了县里的重点初中，却无钱就读。这件事在当地一家报纸上披露后，女孩收到了500元钱的捐款。除去学费，还富余出200元做生活费。

时间一晃就是6个月。要过春节了。姐姐回到家里过年。爷爷愁眉苦脸地告诉她，你的两个妹妹没钱上学了。姐姐犹疑了一下，从兜里掏出一张被揉搓得不像样子的百元钞票，递到爷爷手中。爷爷问："学校免你的费用了？"孙女摇头。爷爷又问："你偷别人钱了？"孙女还摇头。"那你是从哪里来的这100元钱？""就是人家捐的那些钱中剩的。"

也就是说，这个女孩子，半年的生活费只用掉了100元。

这是个真实的故事。捐款的那个人是我的一个朋友。这年年底，他应报社的要求，对受助者进行回访，亲眼目睹了这一幕。半年，100元。一个月平均16元钱，每天就是5毛钱，一天3顿饭，一顿饭……

我的朋友绞尽脑汁，无论怎么算，也算不出这些钱是怎样维持了这个孩子半年的生活。

那么多城里人在一掷千金，但是，就在离他们不远的地方，有个未成年的孩子却在以我们想象不出的方式计算着自己的生活。而我，一个业余写写字的文人，在讲这个故事时实在不知道该提炼出什么样的主题，我的心里很沉，很沉……

[书外人语] 作者的心里很沉，很沉，读者的心里也一样很沉，很沉。我们无法从这个故事中提炼出什么样的主题，但却都能从个故事中得到一份感悟，愿这一份感悟能让我们更好体会生活的真谛。

抄　　写

交警在十字路口拦住一辆闯红灯的汽车。车里的女士称自己是小学教师，赶着去上课，马上就要迟到了，“希望能得到您的谅解。”她说。

交警听了，喜出望外：“太好了！几年来我一直在等，想抓住一个小学教师。你给我过来！把‘我闯红灯’四个字抄写三百遍——这是我上小学时就立下的志愿。”

［书外人语］对普通读者而言，这只是个笑话，但对那些随意惩罚学生、全无爱心的老师而言，这却是个报应。所有的人都是学校教育的“产品”，不称职的老师多了，那么不合格的产品就会很多。

秘　　密

|孤　虹

“对不起，您能听一下这孩子的话吗？”那是我在百货店玩具柜台工作时遇到的一件一生都难以忘记的事情。

我被一位三十多岁的母亲叫住，有一位小学一年级左右的男孩子紧张地站在母亲身旁。那男孩儿像贝壳一样闭着嘴，眼睛只是向下看。

他母亲以严厉的语气说：“快点，这位阿姨很忙！”我感到空气骤然紧张起来，到底是什么事呢？我一边猜想着，一边仔细看着这母子俩。这时我发现那男孩儿手中握着什么东西，他那双小手还有点颤抖——那是件当时很受孩子们欢迎的玩具，这种玩具每次进货都被抢购一空，而且被盗窃的数量不亚于销售量。

“怎么了，你说点什么呀!”他母亲很生气，眼眶里充满了泪水，这时男孩儿已经上气不接下气地哭了。

我的心脏仿佛被猛戳了一下，我又一次面向孩子，我想我必须要听他说句话，我甚至感到这个瞬间可能会左右孩子今后的人生。

这时，他的手不自然地伸开，被揉搓得破烂的包装中露出了玩具。

“我没想拿……”他费了很大力气才说出这句话。我现在还记得，孩子最后泣不成声地说了一句:“对不起。”母亲那时的表情难以形容，我感到她好像放心地深叹了一口气。

然后，他母亲干脆地对我说:“请叫你们负责人来，我来跟他说。”这时，我第一次懂得了母亲对孩子深深的爱和教育子女的不易，我被他母亲的行为深深地感动了。

“不用了，我收下这玩具钱，这件事就作为我们三个人的秘密吧，孩子也明白了自己做错了事，这就够了。”

我觉得自己只道出了心情的一半，我的眼泪已流到面颊。那位母亲几次向我鞠躬表示歉意的身影，我现在也忘不掉，永远也忘不掉。

[书外人语] 用霹雳手段，显菩萨心肠。教育孩子没有点“狠心”是不行的，对待原则上的错误倾向必须如此。

苏珊的帽子

[美] E.琳格

苏珊是个可爱的小女孩。可是，当她念一年级的时候，医生却发现她那小小的身体里面竟长了一个肿瘤，并必须住院接受三个月的化学治疗。出院后，她显得更瘦小了，神情也不如往常那样活泼了。更可怕的是，原先她那一头美丽的金发，现在差不多都快掉光了。虽然她那蓬勃的生命力和渴望生活的信念足以与癌症——死神一争高低，她的聪明和好学也足以补上被拉下的功课，然而，每天顶着一颗光秃秃的脑袋到学校去上课，对于她这样一个六七岁的小女孩来说，却无疑是非常残酷的事情。

老师非常理解小苏珊的痛苦。在苏珊返校上课前，她热情而郑重地在班上宣布："从下星期一开始，我们要学习认识各种各样的帽子。所有的同学都要戴着自己最喜欢的帽子到学校来，越新奇越好!"

星期一到了，离开学校三个月的苏珊第一次回到她所熟悉的教室，但是，她站在教室门口却迟迟没有进去，她担心，她犹豫，因为她戴了一顶帽子。

可是，使她感到意外的是，她的每一个同学都戴着帽子，和他们的五花八门的帽子比起来，她的那顶帽子显得那样普普通通，几乎没有引起任何人的注意。一下子，她觉得自己和别人没有什么两样了，没有什么东西可以妨碍她与伙伴们自如地见面了。她轻松地笑了，笑得那样甜，笑得那样美。

日子就这样一天天过去了。现在，苏珊常常忘了自己还戴着一顶帽子，而同学们呢?似乎也忘了。

[书外人语] 大文豪雨果说：善良既是历史中稀有的珍珠，善良的人便几乎优于伟大的人。

播种希望的日子

[美]康纳德·克奇尔

小时候，我每年夏天都要随父母去内布拉斯加州的爷爷那里。

我记忆中的爷爷是佝偻着身子，瘸了腿的。听爸爸说，爷爷年轻时很英俊，很能干，他做过教师，26岁时就当选为州议员了，正是事业如日中天的时候他患了病——严重的中风。

宽阔的原野，高高的草垛，哞哞的牛声，脆脆的鸟鸣，使我留连忘返。“爷爷，我长大了也要来农场，种庄稼!”一天早上，我兴致勃勃地说出了我的愿望。

“那，你想种什么呢?”爷爷笑了。“种西瓜。”“唔，”爷爷棕色的眼睛快活地眨了眨，“那么让我们赶快播种吧!”

我从邻居玛丽姑姑家要来了五粒黑色的瓜子，取来了锄头。在一棵大橡树下，爷爷教我翻松了泥土，然后把西瓜籽撒下去。忙完这一切，爷爷说:“接下去就是等待了。”

当时我并不懂“等待”是怎么回事。那个下午，我不知跑了多么趟——去查看我的西瓜地，也不知为它浇了多少次水，把西瓜地变成一片泥浆。谁知，直到傍晚，西瓜苗却连影子也没有。晚餐桌上，我问爷爷：“我都等了整整一下午了，还得等多久?”

爷爷笑了:“你这么专心地等待，也许苗会早点长出来的。”

第二天早晨，我一醒来就往我的瓜地跑。咦!一个大大的、滚圆滚圆的西瓜正瞅着我笑呢!我兴奋极了——我种出世界上最大的西瓜了!

稍大些，我知道这个西瓜是爷爷从家里搬到瓜地里的。尽管这样，我不认为那是一种游戏，是慈爱的爷爷哄骗孙子的把戏，而是在一个不懂事的孩子心里适时播下一颗希望的种子。

如今，我已有了自己的孩子，事业上也有所成就。而我觉得自己乐天的性情与成功的生活是爷爷为我在橡树底下播的种子长成的——爷爷本来可以告诉我，在内布拉斯加州种不出西瓜，八月中旬也不是种瓜的时节，而且树阴下边也不宜种瓜……但是他没有这么做，而且让我真真实实地体验了“希望”与“成功”的滋味。

［书外人语］很多事物都受到自然条件的限制，然而，给孩子们快乐、爱心、希望，却不受任何条件的限制，只要你想的话。

记住，我们在养小孩，不是在养花!

［美］杰克·坎菲尔

大卫——我的隔壁邻居——有两个小孩，一个5岁，一个7岁。有一天他正在教他7岁的孩子凯利怎样使用瓦斯驱动的割草机割草。当他正教他如何在尽头将割草机掉头时，他的妻子叫他去问事情。当大卫转身回答问题时，凯利把割草机推到草坪边的花圃上——所过之处，大约2尺宽的一条痕迹已被夷为平地!

大卫回头发现发生的事之后，他开始失控了。大卫花了一大把时间费力地侍弄那些令邻居们羡慕的花圃。当他开始对儿子提高音量后，妻子很快地走到他身边，把手放在他的肩膀上，说:“大卫，请记住——我们在养小孩，不是在养花!”

大卫的妻子也提醒了我，为人父母必须明了孰重孰轻。孩子以及他们的自尊比他所破坏的任何物质上的东西还要重要。被棒球砸碎的窗户、被孩子不小心碰倒的灯及掉在厨房里的碟子都已经破了，花也已经死了。我必须记得不要打破一个孩子的心灵，让他们充满活力的感觉变得麻木，再增添更大的损失。

……

几个礼拜以前，我买了一件运动外套，并和店主马克•麦克斯讨论为人父母的问题。他告诉我，当他和他的妻子以及7岁大的女儿出外晚餐时，他的女儿打翻了水杯。这对父母在水渍擦干净后并没有责备女儿。她抬头看着他们说:“你们知道，我真的很感谢你们不像别的父母一样。我大部分朋友的父母会对他们咆哮并且教训他们要更小心一点。谢谢你们没有那样做!”

有一次，我和一些朋友共进晚餐，相似的事件发生了。他们5岁的儿子弄翻了桌子的牛奶杯。当他们开始责备他时，我也故意弄翻我的杯子。当我开始解释我在48岁还会弄翻东西时，男孩开始微笑了，而他的双亲似乎也明白了我的意思，不再生气。我们多么容易忘记我们仍然在学习啊!

……

最近我听到一个有关史蒂芬•葛雷的故事。他是个曾经取得过重要的医学成就的科学家。有个报社记者采访他，为什么他会比一般人更有创造力，是什么因素让他超乎凡人?

他回答，在他看来，这都与他小时他母亲给他的经验有关。有一次他尝试着从冰箱里拿一瓶牛奶，他失手把瓶子掉在地上，牛奶溅得满地都是——像一片牛奶海洋一样!

他的母亲到厨房来，并没有对他大呼小叫、教训他或惩罚他，她说:“哇，你制造的混乱还真棒! 我几乎没看过这么大的奶水坑。反正损害已经造成了，在我们清理它以前你要不要在牛奶中玩几分钟?”

他的确这么做了。几分钟后，他的母亲说:“你知道，每次当你制造这样的混乱时，最好你还是得把它清理干净，让物归原处。所以，你想这么做吗?我们可以用一块海绵、一条毛巾或一只拖把。你喜欢哪一种?”他选了海绵，于是他们一起清理打翻了的牛奶。

他的母亲又说:“你知道，我们在如何有效地用两只小手拿大牛奶瓶上已经做了个失败的实验。让我们到后院去，把瓶子装满水，看看你是否可以拿得动它。”小男孩学到了，如果他用双手抓住瓶子上端接近瓶嘴的地方，他就可以拿住它不会掉。这堂课真棒!

这个知名的科学家说，那一刻他知道他不需要害怕错误。除此以外，他还学到，错误只是学习新东西的机会，科学实验也是如此。即使实验失败，我们还是会从中学到有价值的东西。

如果每个人的父母都跟他母亲的反应一样，那不是很好吗?

……

几年前，保罗•罗威曾经在收音机上说过一个在成人关系上也适用的故事。

有个年轻女人下班后开车回家发生了碰撞，撞坏了挡泥板。她在说明那辆车是出厂才几天的新车时边说边掉泪。她回家怎么向丈夫解释呢?

另一辆车的驾驶员充满同情心，但他也表示他们必须记下彼此的驾驶执照和车牌号码。当这年轻女人从大大的棕色信封中取出文件时，有张纸条掉了出来。上面，男人的笔迹写着:“如果出了事……记住，亲爱的，我爱的是你，不是车!”

……

且让我们记住，孩子的心灵比任何物质还要重要。当我们这么记住，自尊和爱的花朵就会开得比花圃中的任何花更美丽!

[书外人语] 什么样的物质损失可以同给你所爱的人造成的伤害相提并论呢?

分苹果的故事

|林 夕

一个人一生中最早受到的教育来自家庭，来自母亲对孩子的早期教育。美国一位著名心理学家为了研究母亲对人一生的影响，在全美选出50位成功人士，他们都在各自的行业中获得了卓越的成就，同时又选出50位有犯罪记录的人，分别去信给他们，请他们谈谈母亲对他们的影响。有两封回信给他的印象最深。一封来自白宫一位著名人士，一封来自监狱一位服刑的犯人。他们谈的都是同一件事：小时候母亲给他们分苹果。

那位来自监狱的犯人在信中这样写道：小时候，有一天妈妈拿来几个苹果，红红绿绿，大小各不同。我一眼就看见中间的一个又红又大，十分喜欢，非常想要。这时，妈妈把苹果放在桌上，问我和弟弟：你们想要哪个?我刚想说想要最大最红的一个，这时弟弟抢先说出我想说的话。妈妈听了，瞪了他一眼，责备他说：好孩子要学会把好东西让给别人，不能总想着自己。

于是，我灵机一动，改口说:“妈妈，我想要那个最小的，最大的留给弟弟吧。”

妈妈听了，非常高兴，在我的脸上亲了一下，并把那个又红又大的苹果奖励给我。我得到了我想要的东西，从此，我学会了说谎。以后，我又学会了打架、偷、抢，为了得到想要得到的东西，我不择手段。直到现在，我被送进监狱。

那位来自白宫的著名人士是这样写的：小时候，有一天妈妈拿来几个苹果，红红绿绿，大小各不同。我和弟弟们都争着要大的，妈妈把那个最大最红的苹果举在手中，对我们说:“这个苹果最大最红最好吃，谁都想要得到它。很好，现在，让我们来作个比赛，我把门前的草坪分成三块，你们三人一人一块，负责修剪好，谁干得最快最好，谁就有权得到它!”

我们三人比赛除草，结果，我赢得了那个最大的苹果。

我非常感谢母亲，她让我明白一个最简单也最重要的道理：要想得到最好的，就必须努力争第一。她一直都是这样教育我们，也是这样做的。在我们家里，你想要什么好东西要通过比赛来赢得，这很公平，你想要什么、想要多少，就必须为此付出多少努力和代价!

推动摇篮的手，就是推动世界的手。母亲是孩子的第一任教师，你可以教他说第一句谎言，也可以教他做一个诚实的永远努力争第一的人。

[书外人语] 如果你是孩子，请把这个故事讲给妈妈；如果你是妈妈，……

利　　息

张丽钧

在一次段考中，一个男生的语文得了59分。他找到我说:“老师，您就再给我的作文加1分吧，就1分。求您了!”我说:“作文绝对不给加分；但是，我可以给你把总分改成60分——我借给你1分。不过你可要想好啊，这1分不能白借，要还利息的，借1还10，下次考试我要扣掉你10分，怎么样?要是觉得不划算就不要借了。”男生咬了咬牙说:“我借。”结果，在后一次段考中，他语文得了91分，扣掉10分，净剩81分。

试问，世上有哪一个高利贷者敢与我比收益?

[书外人语] 在每个学生心中都会有一杆秤，老师的分量不见得就是职称、名气、发表的论文数，而是……

初步
子愷

小 故 事 中 的 大 智 慧

[小中见大☺**智慧文丛**]

爱的神奇

|小 禹

这是一个发生在美国黑人贫民窟的真实故事。

一位大学教授带着他的学生来到这里搞调查研究，其中有一个课题是对该区200名黑人孩子的前途作预测。学生们都很认真，不久报告都出来了，结论令人沮丧：200名孩子几乎无一例外地被认定为“一无是处”、“无所作为”、“终生碌碌”等等。

四十年后，老教授早已去世，他的继任者从档案里发现了这份报告，好奇心驱使他来到当年的黑人贫民窟。他惊奇地发现：当年被调查的200名孩子中，除了20个已离开故地、无从查考外，其余180名孩子大多数都获得了相当的成就，他们之中不乏银行家、商人、大律师和优秀运动员。这一切，他们都说最该感谢的是当年的一位小学教师。

继任者找到当年的小学教师，此时她已是迟暮晚年了，吐字不太清楚，可有一句话任何人都听得懂：“我爱这些孩子。”

[书外人语] 只有没有爱心的老师，没有改变不了的孩子。

海滩上没有发生的事

|张晓风

天热了，学校离海不远，校长把学生带到海边去玩。他自己站在水深处，规定学生以他为界，只准在水浅处玩。

小孩都乐疯了，连极胆小的也下了水，终于，大家都玩得尽兴了，学生纷纷上岸。这时，发生了一件事，把校长吓得目瞪口呆。

原来，那些一二年级的小女孩上得岸来，觉得衣服湿了不舒服，便当众把衣裤脱了，在那里拧起水来。光天化日之下，她们竟然造成了一小圈天体营。

校长第一个冲动便是想冲上前去喝止——但，好在，凭着一个教育家的直觉，他等了几秒钟。这一等，太好了，于是，他发现四下里其实并没有任何人在大惊小怪。高年级的同学也没有人投来异样的眼光，傻傻的小男生更不知道他们的女同学不够淑女，海滩上一片天真欢乐。小女孩做的事不曾骚扰任何人，她们很快拧干了衣服，重新穿上——像船过水无痕，什么麻烦都没有留下。

不能想象，如果当天校长一声吼骂，会给那个快乐的海滩之旅带来多么愁惨尴尬的阴影。那些小女孩会永远记得自己当众丢了丑，而大孩子便学会了鄙视别人的“无行”，并为自己的“有行”而沾沾自喜。

他们是不必拭擦尘埃的，因为他们是大地，尘埃对他们而言是无妨无碍的，他们不必急着学会为礼俗规范而羞惭。他们何必那么快学会成人社会的琐碎小节。

许多事，如果没有那些神经质的家伙大叫一声：“不得了啦！问题可严重啦！”原来也可以不成其为问题的。

[书外人语] 不要用成人的眼光对待孩子，也不要用自己的标准对待别人。而且，很多事情本无所谓是非，可在心中有是非的人的眼里就会生出是非来。

放飞一只蝴蝶

| 卓义崇

一个秋晨，我到学校办公室刚坐下，便有人通知说我班教室里有两块窗玻璃在昨晚被风刮破了。我马上意识到这事在这个管理甚严的学校里意味着什么。

中午，我找来昨天的值日生朱兰。她怯怯地说：昨晚放学时，教室里有两只蝴蝶，赶来赶去，总有一只飞不出教室。我只好开着一扇窗户，好让外面的飞进来，或者里面的飞出去，让它们结伴去玩，想不到会被大风打破了玻璃……小女孩几乎落泪地嗫嚅着说愿意赔这两块玻璃。

我一直无语，然后摸了摸她的头发说：不用了，去玩吧。

后来我去了财务室："请在我下个月的工资中扣两块玻璃的钱。"

这是一笔我很乐意付的钱。

[书外人语] 孩子的心也像是玻璃做的，不要动不动就伤害他们。

宽　　容

| 李文忠

一位德高望重的长老，在寺院的高墙边发现一把座椅，他知道有人借此越墙到寺外。长老搬走了椅子，凭感觉在这儿等候。午夜，外出的小和尚爬上墙，再跳到"椅子"上，他觉得"椅子"不似先前硬，软软的甚至有点弹性。落地后小和尚才知道椅子已经变成了长老。小和尚仓皇离去，这以后一段日子他诚惶诚恐地等候着长老的发落。但长老并没

有这样做，压根儿没提及这“天知地知你知我知”的事。小和尚从长老的宽容中获得启示，他收住了心再没有去翻墙，通过刻苦的修炼，成了寺院里的佼佼者，若干年后，成为这儿的长老。

无独有偶，有位老师发现一位学生上课时时常低着头画些什么，有一天他走过去拿起学生的画，发现画中的人物正是龇牙咧嘴的自己。老师没有发火，只是憨憨地笑着，要学生课后再加工画得更神似一些。而自此那位学生上课时再没有乱画画，各门课都学得不错，后来他成为颇有造诣的漫画家。

通过上面的例子，设想一下除去其他因素，归结到一点：主人公后来有所作为，与当初长老、老师的宽容不无关系，可以说是宽容唤起的潜意识，矫正了他们人生之舵。

宽容不仅需要“海量”，更是一种修养促成的智慧。事实上，只有那些胸襟开阔的人才会运用宽容。反之，长老若搬去椅子对小和尚“杀一儆百”，也没有什么说不过的，小和尚可能从此收敛，但绝不会真正反省，也就没了以后的故事。同样，老师对学生的恶作剧通常是大发雷霆继而是狠狠批评。其实这都涉及到一个问题，就是怎样理顺人与人的对应关系，使其达到和谐的统一。你可以把对方“管”得规规矩矩，“理”得笔笔直直，但你不会运用宽容，就可能把人的可塑性和创造力给泯灭了。

［书外人语］我们不是倡导无原则的放纵，只是提醒各位，适度的宽容比硬性的批评更能维护一个人的尊严，也更有益于其迷途知返。

四块糖果

|周 斌

育才小学校长陶行知在校园看到男生王友用泥块砸自己班上的男生，当即斥止了他，并令他放学时到校长室里去。

放学后，陶行知来到校长室，王友已经等在门口准备挨训了。可一见面，陶行知却掏出一块糖果送给他，并说：“这是奖给你的，因为你按时来到这里，而我却迟到了。”王友惊疑地接过糖果。随之，陶行知又掏出一块糖果放到他手里，说：“这块糖也是奖给你的，因为当我不让你再打人时，你立即就住手了，这说明你很尊重我，我应该奖你。”王友更惊疑了，他眼睛睁得大大的。

陶行知又掏出第三块糖果塞到王友手里，说：“我调查过了，你用泥块砸那些男生，是因为他们不守游戏规则，欺负女生；你砸他们，说明你很正直善良，有跟坏人作斗争的勇气，应该奖励你啊！”王友感动极了，他流着眼泪后悔地说道：“陶……陶校长，你……你打我两下吧！我错了，我砸的不是坏人，而是自己的同学呀！……”

陶行知满意地笑了，他随即掏出第四块糖果递过去，说：“为你正确地认识错误，我再奖给你一块糖果，可惜我只有这一块糖了，我的糖完了，我看我们的谈话也该完了吧！”说完，就走出了校长室。

［书外人语］一代教育家陶行知的这种教育方式在今日是很难见到了。教育工作者也好，父母家长也好，请不要动辄就用威严去训斥孩子，尊重他们，他们也才会尊重你，并聆听你的教诲。

绝版的美丽

为了帮助我的一个贫困学生，我每月给她汇一次款。汇款人姓名和地址都是假的，为的是不给她增加心理压力。

第一次汇款后不久，我上课时便发现那学生有些异样。她深深地低着头，显得心情沉重而不安。看那神情，似乎是从笔迹中猜出了我是汇款人。十六七岁的女孩子，正是敏感且自尊的年龄，都怪我粗心，没把事情做得周全些。

第二次汇款时，我在附言上写了一句话:“你只有坦然地接受帮助，帮助你的人才能坦然。”我相信她是一个聪明的女孩儿，一定能理解和接受我的这份善意。

新年前夕，我收到了一张特别的贺卡。虽然没写姓名，但我同样认出了这正是那学生的笔迹。这张贺卡是自制的，画面是用碎布条儿拼成的一棵大树。树下是用细沙粘成的一行歪斜却仍顽强地伸向远方的脚印，旁边有一行小字:“也许贺卡并不美丽，美丽的是制作贺卡的这份心意。好人便是这一棵大树，脚印是我艰难的感激。点滴的恩情将让我终身铭记!”

窗外，雪花大片大片地飘落，热热闹闹又无声无息。这一刻，我真的觉得这世界明净而温暖。街头待价而沽的贺卡，人人都可轻易地互相赠送，而这张精心制作的贺卡，需要怎样的专注与细致。我只做了一点儿小事，得到的却是一份绝版的美丽。我想起了一句话：好雪片片，不落别处。这一刻，美丽的雪花片片落入了我的心田。

［书外人语］一点善心，一点善行，对世界的影响可能会超出你想象，世界对你的回报也可能超出你想象。

你给孩子什么样的环境

[美] 桃乐丝·诺帝

指责中长大的孩子，将来容易怨天尤人。

敌意中长大的孩子，将来容易好斗逞勇。

恐惧中长大的孩子，将来容易畏首畏尾。

怜悯中长大的孩子，将来容易自怨自艾。

嘲讽中长大的孩子，将来容易消极退缩。

嫉妒中长大的孩子，将来容易勾心斗角。

羞辱中长大的孩子，将来容易心怀内疚。

容忍中长大的孩子，将来必能极富耐性。

鼓励中长大的孩子，将来必能充满自信。

赞美中长大的孩子，将来必能心存感恩。

嘉许中长大的孩子，将来必能爱人爱己。

接纳中长大的孩子，将来必能心胸广大。

认同中长大的孩子，将来必能掌握目标。

分享中长大的孩子，将来必能慷慨大方。

诚实公平中长大的孩子，将来必能维护正义真理。

安定中长大的孩子，将来必能信任自己、信任他人。

友善中长大的孩子，将来必能对世界多一份关怀。

祥和中长大的孩子，将来必能有平和的心境。

你的孩子是在何种环境下长大的呢?

[书外人语] 这不能算是一篇故事，但我们还是执意编选了进来。诚如贝多芬所言:“我们应该记住这一点，给孩子提供一个充满美德和善行的成长环境。把美德、善行推荐给你的孩子们，能给人们带来幸福的只有它，而不是财富。

修养的作用

朗　月

有一批应届毕业生22个人，实习时被导师带到北京的国家某部委实验室里参观。全体学生坐在会议室里等待部长的到来，这时有秘书给大家倒水，同学们表情木然地看着她忙活，其中一个还问了句:“有绿茶吗?天太热了。”秘书回答说:“抱歉，刚刚用完了。”有一个名叫林晖的学生看着有点别扭，心里嘀咕:“人家给你倒水还挑三拣四的。”轮到他时，他轻声说:“谢谢，大热天的，辛苦了。”秘书抬头看了他一眼，满含着惊奇，虽然这是很普通的客气话，却是她今天唯一听到的一句。

门开了，部长走进来和大家打招呼，不知怎么回事，静悄悄的，没有一个人回应。林晖左右看了看，犹犹豫豫地鼓了几下掌，同学们这才稀稀落落地跟着拍手，由于不齐，越发显得零乱起来。部长挥了挥手:“欢迎同学们到这里来参观。平时这些事一般都是由办公室负责接待，因为我和你们的导师是老同学，非常要好，所以这次我亲自来给大家讲一些有关情况。我看同学们好像都没有带笔记本，这样吧，王秘书，请你去拿一些我们部里印的纪念手册，送给同学们作纪念。”接下来，更尴尬的事情发生了，大家都坐在那里，很随意地用一只手接过部长双手递过来的手册。部长脸色越来越难看，走到林晖面前时，已经快要没有耐心了。就在这时，林晖礼貌地站起来，身体微倾，双手握住手册恭敬地说了一声:“谢谢您!”部长闻听此言，不觉眼前一亮，伸手拍了拍林晖的肩膀:“你叫什么名字?”林晖照实作答，部长微笑点头回到自己的座位上。早已汗颜的导师看到此景，微微松了一口气。

两个月后，毕业分配表上，林晖的去向栏里赫然写着该部委实验室。有几位颇感不满的同学找到导师:“林晖的学习成绩最多算是中等，凭什么选他而没选我们?”导师看了看这几张尚属稚嫩的脸，笑道:

“是人家点名来要的。其实你们的机会是完全一样的，你们的成绩甚至比林晖还要好，但是除了学习之外，你们需要学的东西太多了，修养是第一课。”

[书外人语] 做事先做人，这句话是很古老的一句话，却永不过时。一个人的道德修养是其事业的基础所在，谁能建成空中楼阁呢？

两个大学生

| 刘燕敏

两个学生，大学同班。由于家境不好，都对父母供养自己读书抱有感激之情。一个认为，应好好学习，争取各科第一；一个认为，应打工挣钱，力争减轻父母负担。

第一个学生，每天一早第一个走进教室，每晚最后一个离开。他的笔记也是全班做的最全面最工整的一个。老师非常喜欢他，让他做了学习委员。

星期天，他从不像其他学生那样出去郊游、逛街，他认为那样对不起良心。为了多学点东西，也为了走向社会能找个好工作，课余时间，他选修了心理学、逻辑学、公共关系学等专业之外的学科，一有空，他就到图书馆翻资料、做笔记。由于他勤奋好学，成绩突出，他几乎获得了学校设定的每一项荣誉。每当他把这些写信告诉父母，父母心里也总是升起无限的安慰和满足，他们为有这样懂事的孩子而骄傲，他们认为再苦再累都值得。

第二个学生很让父母担心，有几次他们甚至想断了他的学业，因为他们省吃俭用，供他上学，他不仅没考过一次好成绩，有一次还挂了红灯。更可气的是，军训一结束，他竟干了一件让父母丢脸的事——低三下四到各学生宿舍收购军训服，然后倒卖给小商小贩。这一次他虽然赚了两个月的生活费，但是却让父母整整不舒服了一学期。他们想，父母再穷，难道就缺你这几个钱吗?放假的时候，两位老人苦口婆心地说：只要你能专心学习，考出成绩，我们再苦再累都心甘。

最让两位老人不能容忍的是，大学二年级的时候，他竟写信来说，以后再不要他们的钱了。接信后两位老人的心简直都伤透了，这个孩子竟是这样不听话，以断绝和父母的经济往来，来抗议父母的苦心劝告。最后得知儿子是因策划一种“高考文化衫”赚了钱，心里才稍稍安慰了些。不过他们已不再对他寄什么希望，他们想，他学不好，将来找不到工作，那是他自作自受。

大学毕业那年许多学生都忙着寄求职信，参加人才市场竞争，只有他无动于衷，因为这时他已是两个公司的老板。最具戏剧性的是，在他公司求职的信中，竟有好几位是他同班同学的，其中包括那位学习最好的学生。

[**书外人语**] 首先我还是要说学业是非常重要的，通过努力学习可以使自己成为一名很好的专业人才。但也有一些才能和智慧是现阶段的学校课堂无法教给你的。另外，即使你自己创业当老板，也必须不断学习新的实用知识。

◉第六辑

[生活细节]

千万买邻

南北朝时，一个叫季雅的人被罢免南康郡守的官职之后，在名士吕僧珍居家旁边购买了一处宅院。

僧珍询问他购买宅院的价钱是多少。

季雅回答说:“一千一百万钱。”

僧珍听到这么昂贵的价钱，很感奇怪。

季雅说:“我是用一百万钱买房宅，用一千万钱买邻居呀!”

[书外人语] 选个好邻居，说不定连你的房子也能卖个好价钱，房、地都是因人而贵啊。当然，更重要的是久居芝兰之地，自有芝兰之气。

曲突徙薪

有位客人去探访一家主人，看见他家灶上砌了一个很直的烟囱，靠近烟囱的地方还堆积着很多柴草。

这位客人便对主人说:“你应该把烟囱改建成弯曲的，柴草要搬远一点，不然的话，将会引起火灾。”

主人听了不以为然，默不作声。

过了不多天，他家果然失火，乡里邻居纷纷跑来救火，幸而把火灭了。

事后，他宰羊摆酒，答谢帮忙的邻居，凡是那些被烧得焦头烂额的人都请入上席坐，其他救火的人也都按功劳大小排定座次，但那个劝他把烟囱改成弯曲的客人，却没有被请来。假若主人听从那人的劝告，就用不着破费宰羊摆酒宴的钱财，也根本不会发生这场火灾了。

[书外人语] 出力者值得酬谢，但出智慧者却被忘却了。我想这个人以后还会犯错误。

颜回做饭

孔子被困在陈国、蔡国之间，只能吃些没有米粒的野菜，七天没有吃到粮食。

孔子白天躺着睡觉。颜回去讨米，讨来米后烧火做饭，饭快熟了，孔子看见颜回抓取锅里的饭吃。

过了一会儿，饭做熟了，颜回拜见孔子并且端上饭食，孔子假装没有看见颜回抓饭吃，起身说:“今天我梦见了先君，把饭食弄干净了然后去祭祀先君。”

颜回回答说:“不行。刚才灰尘落进饭锅里，扔掉沾着灰尘的食物不吉利，我抓出来吃了。”

孔子叹息着说:“我所相信的是眼睛，可是眼睛看到的还是不可以相信；所依靠的是心，可是心里揣度的还是不足以依靠。学生们记住：了解人本来就不容易呀。”

[书外人语] 人常说眼见为实，可是眼睛看到的也往往不过是表面现象而已。

实心葫芦

春秋时齐国有个名叫田仲的，是一位隐居的士人。有一位名叫屈谷的宋国人，来到田仲隐居之地拜访他，田仲以礼接待。屈谷说：“久闻先生高义，自耕自食，不想依赖他人过活，我很钦佩。我这次来带来一个大葫芦，坚硬如同石头，皮厚而中心没有空窍，愿意把它送给先生。”

田仲说:“葫芦所以可贵是因为它可以盛放东西。现在您拿来的葫芦皮厚而中间无空隙，它坚硬如石，难以剖开；况且它又是实心的，剖开了也不能盛物。我拿这个葫芦没有任何用处啊!”

屈谷说:“您说得很好，这个葫芦确实没用，我将把它丢弃。现在先生不依赖他人而食，也不为国家做事，对国家是没有益处的人，不也是实心葫芦之类吗?”

田仲听了屈谷的话，长时间没说出话来。

［书外人语］自食其力，只是做人的最低限度，为国为民为社会效力，才是做人的意义所在。

洗　　礼

国 华

这是一堂人体解剖课，一群刚入学的大学生在教授的引领下，来到一具新鲜的标本前。标本是一位刚去世的老人。他临终前自愿把遗体捐给医学院，虽然他的子女中有人持反对意见，但老人的态度很坚决。最后他们只好顺从了老人的意愿。

玻璃盖被轻轻掀开，手术刀拿在手里，老教授忽然停住了，他对学生们说:“让我们一起向这位陌生的逝者默哀三分钟吧!”学生们愣了一下，随后不约而同地摘下头上的帽子和围巾。

三分钟后，老教授说:“虽然这具标本是本人自愿捐献的，但我们毕竟损伤了他的躯体，所以我们要向他表示歉意!”

学生们静静地听着，这一堂解剖课让他们得到了两次人生的洗礼：一次是那具纯洁的标本让他们产生的敬意，一次是老教授因为尊重一具遗体而让他们产生的尊重。

[书外人语] 捐献遗体与器官的人，应受到尊敬，因为他认为自己的躯体是人类的共有资源。

重新“烹调”生活

[美]乔伊斯·布拉兹

布鲁诺的妻子在他退休前不久去世了，这使他非常悲伤。此后，他每天晚上下班回家后，就总是坐在电视机前，一直看到睡着为止。不过，他的白天过得还不算糟糕——在工厂里，他是个受人尊敬的质量检查员。工作便成了他的精神支柱。然而，他退休了，再也没有工作了。寂寞一下子成了布鲁诺生活的全部内容了。很少有人会来拜访他，甚至很少会有人给他打电话，人们似乎已经忘记了他的存在。布鲁诺迅速地衰老了。可他只有65岁。

他的女儿为此焦急万分。她记得，在她母亲活着的时候，他的性情总是那么开朗，精力总是那样充沛，好像没有什么东西能够难倒他似的；可现在……还有什么东西能够重新唤起他对生活的兴趣呢？

一个周末，女儿提着一只食品袋和一个长方形的礼品小包出现在了布鲁诺的面前。

“那是什么？”他看着那个小包问道，“今天又不是我的生日。”

“这是我给你的礼物，”女儿说，“你老是吃腌肉，我真担心你会营养失调。”

他打开了礼物：“是本烹调书？”

“是的，”她说，“这是给初学者用的。你喜欢吃的菜肴，比如烤肉糕、实心细面条、炖菜等等，这里都有。”

女儿走了以后，布鲁诺将这本烹调书从头到尾地翻了一遍，然后认认真真地开始阅读了起来。没过多久，他就去买来了许多食物。第一次的试验是做他最喜欢吃的烤肉糕。根据烹调书上提出的要求，他照葫芦画瓢地做了一遍，不料却做得相当成功——真的，他觉得自己从来没有吃过这么好吃的烤肉糕，而且，更重要的，这是他亲手烹调的！从此，一发而不可收，烹调成了他生活的一种需要。

不久，他又不再满足于仅仅是为自己烹调了。这时，他对自己的烹调技艺已十分自信，觉得完全可以在众人面前露一手了。于是，他开始邀请邻居和朋友到自己家里来吃饭，他烹调的一道道鲜美的菜肴果然赢得了人们的啧啧称赞。他因此也经常得到邻居和朋友们的回请，这样，他又结识了许多新朋友。他的客人随之也越来越多了。他买了一本又一本的烹调书。他几乎每天晚上都会为他的客人端出一道新的菜肴。

烹调重新“烹调”了布鲁诺的生活。他不再感到孤独和寂寞，他又变得那么开朗，那么生气勃勃了。生活对于他，又展现出了迷人的魅力。

这在心理学上被称作“涟漪效应”：你在生活中所作出的改变，无论它看上去是多么的微不足道，对你有生之年的影响，都会像将一块石子扔进池塘一样，会产生一圈又一圈的涟漪，一直会影响到池塘的边缘。对于布鲁诺来说，烹调就是这样的石子，它使他从寂寞中解脱了出来，为他创造了一种新生活：有了新朋友，也有了新的生活兴趣。

[书外人语] 人与生活、社会之间需要一个亲密接触点或纽带，工作也好，业余爱好也好，志愿活动也好，通过这些，人与生活、社会就有了一种互动的联系，你融入了其中，也会从中得到快乐。

家里“穷”了之后

|于 朋

有一次，我趴在沙发上小憩，正瞥见一枚晶亮的10元硬币，滚落在客厅一角。我呼唤儿子：“看哪，有10块钱在地板上，谁先抢到，就归谁!”

很多父母大概已经猜到了，最后去抢那10元硬币的是我自己。现在孩子宁可把握时间多翻几页漫画，也不肯挪动双脚去捡区区10元。

又一次，我叮咛大儿子把随手放置的200元零用钱收好，不然，我会没收云云……我威胁的话还没话完，大儿子慷慨地回了一句：“你要呀?你收吧，送给你。”

我知道，时代不同了！我没有办法让儿子理解我们这一代贫穷的经历，他们顶多故作被感动状地听我“讲古”，听罢仍然故我。

但是，与家人胼手胝足、同舟共济地在贫穷中奋斗，是多么重要的人生经历啊！我可以认定那段吃苦的岁月，是支持我这半生努力上进的力量源头。我还记得和哥哥姐姐一张张粘奖券袋的日子，我粘得那样努力，因为那是我唯一能与父母分享的工作。

我还记得每一次开学前，母亲把一个蓝布袋解开，摩挲着每一个她喜爱的金饰，讲述着每一个首饰的来历，再默默地把金饰交给父亲带走……大概到读完大学时，蓝布袋已经空了。

那个时代，要是听说有人在路上捡到了5毛钱，孩子都要津津乐道地传颂着某人的运气，并张大眼搜寻着自己经过的每一方寸土地。谁又想得到，若干年后，大剌剌躺在地上的10元钱，却引不起孩子们瞧一眼的兴趣。

我闷坐了一个下午，追忆自己每一段清苦而努力的过程。于是，我替自己和孩子下了一个决定——我们家必须要变“穷”。

我向工作的补习班请了长假，他们同意让我过半年闲散的日子，换换心情，充充电。我再欺骗孩子：妈妈身体不好，必须辞职休养，以后靠爸爸一个人养爷爷、妈妈、外公、外婆，房屋贷款、汽车贷款……重点就是——我们家变穷了，不要说电玩卡带、超人、怪兽买不起，连吃饭都很勉强了。为了“剧情”逼真，我还陆陆续续地向他们兄弟俩借钱——因为妈妈没买菜钱了。

一天早上，大儿子捏着一张黄色的通知单，充满犹豫的眼神说：“妈妈，羊奶不要再订了，一个月要450元，我不想再订了!”我很费了一番唇舌才让他带了钱到学校订羊奶。我也不知道他到底有没有听懂“家里虽然很穷，但订羊奶的钱一定会有”的道理。

但家里既然很穷，做母亲的似乎也不应该驻足任何橱窗或框台之前了。偶尔，我会忘形地想看清楚某一件衣服的式样，或是某一项电器的售价。这时，儿子会很好意地大声提醒我:“妈妈走啦，不要看啦，我们家那么穷，等你看了喜欢，又买不起，会很痛苦的。”

我能说什么?我只能在路人的侧目与售货员的注视下仓皇而逃了。最尴尬的一次，是在一家书店里，小儿子取下了货架上一盒最小的乐高玩具，央求我买。大儿子在我还没来得及反应时，便夺过玩具，放回货架，高声怒斥弟弟:“还敢买玩具，一盒100多块，家里已经没钱买菜了，还要为难妈妈!”我只好牵着正义的哥哥与号啕的弟弟，在众人温暖而同情的注目下离开。

又是一个清晨，但我较平常晚起了半个钟头，狼狈地朝梳洗妥当的大儿子手中塞了50元:“对不起，来不及做便当了，到学校订个便当好了。”儿子迟迟没有动，我正不耐烦地想催他，却发觉他的泪水在眼中打转:“我拿走50元，你今天有钱用吗?”

到这里，我已经有罪恶感了。这一段母子受难记，不能再演下去，留个回忆就够了。这一段贫穷的试验，不能说没有效果。起码，这两兄弟见到钱包中的钱安然无恙，也懂得是种幸福了。眼看着两个儿子都有点守财奴的倾向了，我最近又在想，我是不是该出个点子，让他们知道：金钱其实也没有那么重要，而且我们也没那么穷。

[书外人语] 穷人的孩子早当家也好，挫折教育也好，都是让孩子认识生活并锻炼生存能力。

世界小姐的故事

| 郭 葭

有一个名叫韦格的奥地利女孩，天生丽质，聪慧可人。她在一所大学专修油画，她的男友为她筹备个人画展。当出现经济危机时，男友鼓励她参加世界小姐选美，因为初赛的奖金高达5000美元。她去了，而且一路选到了拉斯维加斯。她成了1987年度的世界小姐。

韦格想开画展，可她已经不需要画展了；韦格想和男友浪漫缠绵，可她也不缺少浪漫了。身为世界小姐，一下子站在了荣耀和财富的顶端。

当她的事业如日中天之时，她患上了一种名叫克里曼特的综合症。

这种病症的最大危机在于，双眼视力逐渐衰退，直至失明。韦格几乎是绝望地陷入黑暗之中了。消息传出，一位名叫帕迪的南非小男孩给她寄来了一包土，说他们那里的人用此治病。韦格不相信那包土，怀着姑且一试的想法用了，奇迹却发生了，她康复了。

韦格后来嫁给一个美国富翁。

她先后嫁了6次，可是没有一个男人令她倾心。她自杀了。

对于这个故事，一百个人可能会有一百种说法，可我要告诉你的是：你可以用自己不喜欢的方式赚到财富，也可以用自己不相信的药治好病，但你无法从自己不爱的人身上获得幸福。

[**书外人语**] 在我们所追求的所有东西中，幸福是最容易得到的，也是最难得到的。你看这位世界小姐，她得到了许多出乎意料的幸运，却没得到所追求的幸福。

吃苹果的方法

安鹏翔

一对小夫妻常为吃苹果发生口角。

女的怕苹果皮上沾了农药有毒，一定要把果皮削掉，而男的则认为果皮有营养，把皮削掉太可惜。常吃苹果，也就常吵。前不久，竟吵到他俩的老师家去断是非。

老师对女的说:“你先生这么多年都吃未削皮的苹果，还好好的并没有死，你担心什么?”

老师又对男的说:“你太太不吃苹果皮，你嫌她浪费，那你就把她削的苹果皮拿去吃了，不就没有事了!”

老师还说，由于不同的家庭环境以及不同成长过程的影响，每个人的生活习惯会有所不同，因此，不要勉强别人来认同自己的习惯，同时，也要体谅宽容别人的习惯。

小两口顿开茅塞。

我想，凡是和睦幸福的夫妻，就会懂得吃苹果的方法，也会明了其他许多方法，体谅宽容就是万能的方法。

[**书外人语**] 家务事为什么难断?就是因为许多生活小事本就无对错，需要的只是一点宽容。

窗

从前有两个重病人，同住在一家大医院的小病房里。房间很小，只有一扇窗子可以看见外面的世界。其中一个人，在他的治疗中，被允许在下午坐在床上一个小时(有仪器从他的肺中抽取液体)。他的床靠着窗，但另外一个人终日都得平躺在床上。

每当下午睡在窗旁的那个人在那个小时内坐起的时候，他都会描绘窗外景致给另一个人听。从窗口向外看可以看到公园里的湖。湖内有鸭子和天鹅，孩子们在那儿撒面包片，放模型船，年轻的恋人在树下携手散步，在鲜花盛开、绿草如茵的地方人们玩球嬉戏，后头一排树顶上则是美丽的天空。

另一个人倾听着，享受每一分钟。他听见一个孩子差点跌到湖里，一个美丽的女孩穿着漂亮的夏装……他朋友的述说几乎使他感觉自己亲眼目睹外面发生的一切。

然而，在一个天气晴朗的午后，他心想：为什么睡在窗边的人可以独享看外头的权利呢?为什么我没有这样的机会?他觉得不是滋味，他越这么想，就越想换位子。他一定得换才行！有天夜里他盯着天花板瞧，另一个人忽然惊醒了，拼命地咳嗽，一直想用手按铃叫护士来。但这个人只是旁观而没有帮忙——尽管他感觉同伴的呼吸已经停止了。第二天早上，护士来的时候那人已经死了，只能静静地抬走他的尸体。

过了一段时间后，这人开口问，他是否能换到靠窗户的那张床上。他们搬动了他，帮他换位子，使他觉得很舒服。他们走了以后，他企图用手肘撑起自己，吃力地往窗外望……

窗外只有一堵空白的墙。

［书外人语］心中有美，才能看到窗外的美。

奖赏诚实

46岁的保琳•尼科，曾是一个批发仓库的保管员；她的丈夫、44岁的汤姆，过去是一个百货批发商。后来，他们失业了，他们俩与儿子约森艰难度日。因为交不起钱，他们随时都可能失去他们的汽车。

这年冬天的一天，保琳在洛杉矶郊外布纳公园的林阴道上捡到一只票夹子，夹子里装有一张信用卡，一张去新英格兰的飞机票，还有现金2394美元。

“当时我想把其中的钱拿走，”保琳后来回忆说，“但这仅仅是一闪念。”与此相反，她把票夹子里面的所有东西一并交给了附近的一个警察局，最后，票夹子的主人失而复得。保琳的诚实品质很快就被披露出来，一个慈善组织对她进行了表彰和奖励。

保琳得到了多于她工作报酬10倍的收入，她还得到一间住宅公寓为期6个月的免费居住权。一个不知名的捐款者到今天还定期为他们支付汽车费用。另有一些人馈赠她现金。一对年事已高的夫妇还到保琳交返票夹子的警察局，询问票夹子里曾有多少钱。当他们被告知确切数额后，那位先生说:“这也就是他们应该得到的数目。”说完签了一张2400美元的支票。

在一个新闻发布会上，泪流满面的保琳说:“这件事对我们来说简直不可思议，我们所得到的馈赠大大超过了票夹子里的东西。”

［书外人语］要想提高整个社会的道德水平，改善社会风气，似乎除去法律这种惩恶体系外，还应有一种奖善机制，善有善报，就会有更多的人去做善事。

朋　友

|王虎林

公元前四世纪，在意大利，有一个名叫皮斯阿司的年轻人触犯了国王。皮斯阿司被判绞刑，在某个法定的日子被无辜处死。皮斯阿司是个孝子，在临死之前，他希望能与远在百里之外的母亲见最后一面，以表达他对母亲的歉意，因为他不能为母亲养老送终了。他的这一要求被告知了国王。国王感其诚孝，决定让皮斯阿司回家与母亲相见，但条件是皮斯阿司必须找到一个人来替他坐牢，否则他的这一愿望只能是镜中花水中月。这是一个看似简单其实近乎不可能实现的条件。有谁肯冒着被杀头的危险替别人坐牢，这岂不是自寻死路。但，茫茫人海，就有人不

怕死，而且真的愿意替别人坐牢，他就是皮斯阿司的朋友达蒙。

达蒙住进牢房以后，皮斯阿司回家与母亲诀别。人们都静静地看着事态的发展。日子如水，皮斯阿司一去不回头。眼看刑期在即，皮斯阿司也没有回来的迹象。人们一时间议论纷纷，都说达蒙上了皮斯阿司的当。行刑日是个雨天，当达蒙被押赴刑场之时，围观的人都在笑他的愚蠢，那真叫愚不可及，幸灾乐祸的人大有人在。但，刑车上的达蒙，不但面无惧色，反而有一种慷慨赴死的豪情。

追魂炮被点燃了，绞索也已经挂在达蒙的脖子上。有胆小的人吓得紧闭了双眼，他们在内心深处为达蒙深深地惋惜，并痛恨那个出卖朋友的小人皮斯阿司。但，就在这千钧一发之际，在淋漓的风雨中，皮斯阿司飞奔而来，他高喊着：我回来了！我回来了！

这真正是人世间最最感人的一幕。大多数的人都以为自己在梦中，但事实不容怀疑。这个消息宛如长了翅膀，很快便传到了国王的耳中。国王闻听此言，也以为这是痴人说梦。国王亲自赶到刑场，他要亲眼看一看自己优秀的子民。最终，国王万分喜悦地为皮斯阿司松了绑，并亲口赦免了他的罪刑。

这是一个真实的故事，不但感人，而且震撼人的灵魂。千百年来，有关朋友的解释有千种万种。但我本人一直固执地以为，有关朋友的解释只需两个字，那就是：信任。

［书外人语］这种信任的基础是什么呢？是互相之间对人品的了解与欣赏。

最后一个月

|冯 娟

公司要裁员，名单公布，有内勤部办公室的小灿和小燕。规定一个月之后离岗。那天，大伙儿看她俩都小心翼翼，更不敢和她们多说一句话。因为，她俩的眼圈都红红的。这事摊到谁身上都难以接受。

第二天上班，这是小灿和小燕在单位的最后一个月。小灿的情绪仍很激动，谁跟她说话，她都“铳铳”的，像灌了一肚子的火药，逮着谁就向谁开火。截员名单是老总定的，跟其他人没关系，甚至跟内勤部都没关系。小灿也知道，可心里憋气得很，又不敢找老总去发泄，只好找杯子、文件夹、抽屉撒气。“砰砰”、“咚咚”，大伙儿的心被她提上来又摔下去，空气都快凝固了。人之将走，其行也哀，谁忍心去责备她呢？

小灿仍旧不能出气，又去找主任诉冤，找同事哭诉。“凭什么把我裁掉？我干得好好的……”眼珠一转，滚下泪来。旁边的人心里酸酸的，恨不得一时冲动让自己替下小灿。自然，办公室订盒饭、传送文件、收发信件，原来属小灿做的，现在都无人过问。

不久听说，小灿找了一些人到老总那儿说情，好像都是重量级的人物，小灿着实高兴了好几天。不久又听说，这次是“一刀切”，谁也通融不了。小灿再次受到打击，气愤愤的，异样的目光在每个人脸上刮来刮去，仿佛有谁在背后捣她的鬼，她要把那人用眼钩子勾出来。许多人开始怕她，都躲着她。

小灿原来很讨人喜欢，但后来，她人未走，大家却有点讨厌她了。

小燕也很讨人喜欢。同事们早已习惯了这样对她：“小燕，把这个打一下，快点儿！”“小燕，快把这个传出去！”小燕总是连声“答应”，手指像她的舌头一样灵巧。

裁员名单公布后，小燕哭了一晚上，第二天上班也无精打采，可打开电脑，拉开键盘，她就和以往一样地干开了。小燕见大伙不好意思再吩咐她做什么，便特地跟大家打招呼，主动揽活。她说：是福跑不了，是祸躲不了，反正这样了，不如干好最后一个月，以后想干恐怕都没机会了。小燕心里渐渐平静了，仍然勤劳地打字复印，随叫随到，坚守在她的岗位上。

一个月满，小灿如期下岗，而小燕却被从裁员名单中删除，留了下来。主任当众传达了老总的话：

“小燕的岗位，谁也无可替代；小燕这样的员工，公司永远不会嫌多!”

[书外人语] 在怨天尤人的愤怒情绪中，只会把事情搞得越来越糟，把解决问题的机会再次错过。

傻人傻福

|石永芳

从国小到高中，我一直很得老师喜爱，所以常常被指派做各种工作，比如：做各科负责人、刻蜡纸、抄黑板、改考卷、甚至跑腿、倒茶等等。那时，在幼小的心灵中，不但不引为苦，甚至还觉得：“能被老师看重是何等光荣的事，别人想做还轮不到呢!”

及至读大学，碰巧住在实验大楼楼上的学生宿舍。因此，难以推托地被助教抓公差，成了实验室的“掌门人”。从此不但落得全天无休、随叫随到，更倒楣的是，我还得当一群为数不少的实验白老鼠的“妈”!每天不但得为那些鼠子鼠孙换水装饲料，最受不了的，还得替它们换尿布。哇! 那股臭骚味简直令人作呕。这时的我已不再是任劳任怨的小孩子了，心不甘情不愿地想:“难道我的长相有菲佣的味道吗?否则，怎么好事总没我的份，干活的时候就一定想到我呢?”

大学毕业那年正值台湾经济不景气，主修食化分析的我，眼睁睁地看着一家又一家的食品工厂倒闭，当时真是怨叹到了极点。许多同学为了找不到工作而唉声叹气、愁眉苦脸，终于我也死了心，决定打道回府投靠老妈。就在这时，那些平日喜欢找我帮忙的教授，纷纷提出工作机会让我挑选，那一瞬间感激之余，我恍然悟出:“原来我并不是呆子! 原来这就是傻人有傻福的道理!”

［书外人语］傻人有傻福，因为“傻人”总在任劳任怨、不知算计地付出。

请不要开错窗

丁海涛

美籍华人、著名心理学家李恕信在《潇洒的母亲》一书中讲了这样一个故事。

一个小女孩趴在窗台上，看窗外的人正埋葬她心爱的小狗，不禁泪流满面，悲恸不已。她的外祖父见状，连忙引她到另一个窗口，让她欣赏他的玫瑰花园。果然小女孩的愁云为之一扫，心空顿时明朗。老人托起外孙女的下巴说：“孩子，你开错了窗户。”

人生之旅，我们不也是常常开错“窗”吗？

开错了“窗”，会使本来美好的事物变得暗淡无光；会使朋友间的友谊荡然无存；会使恋人间的感情出现裂痕。因此，我们做任何事情的时候，都要考虑这扇“窗”能不能开，值不值得开，怎样去开。

[书外人语] 选择窗户，就是在选择窗外的风景，也就是在选择心情。

两节电池

流 沙

父亲谋了个矿山晚上值班的差事，每晚需用手电筒。

一日父亲买了两节新电池，父亲可能出于节省的念头，舍不得丢掉还有一些光亮的旧电池，只用其中的一节。一晚下来，手电的光线变得微弱昏黄，父亲又换上另一节了，可过了几天，电池又没电了。

父亲很恼怒地把这两节电池扔到了垃圾堆里。父亲说：买的是两节伪劣产品。我说这是旧电池成了电阻的缘故，父亲一脸不解。

父亲不懂得那节他舍不得丢弃的旧电池已成为电阻，白白耗费了新电池的道理。仔细想想，人有时也是这样，因为怀旧，或者为了很小的利益，抓住某些功利的东西不肯放手，结果常因此而贪小失大，误入歧途。一个好端端的人，就像变成一节毫无用处的电池，毁了自己，也害了别人。

[书外人语] 排除掉自己生活中的电阻，也不要让自己成为社会生活中的电阻。

生活细节

|许云倩

夸张地说，细节有时候可以决定命运。这是我那天在电视里听宋丹丹谈婚姻爱情时想到的。宋丹丹说，她的一个女友在一次旅途中对一位男士特别有好感，可是仅仅因为那男士偶尔露出了一个带土气的字，什么美好的感觉都破坏殆尽了。

还在大学时，我的一位女同学也曾发表过同上述观点相似的说法。她说，假如有个男同胞在她面前打个嗝，那么哪怕他再优秀，也绝无同他发展下去的可能。这话多少有点孩子气，也近乎苛刻了，但有时候，这样的细枝末节还真能左右人的选择。

记得很久以前我父亲的一个学生经人介绍认识了一位容貌平平的姑娘，第一次见面后他决定继续保持联系的一条重要的理由就是：当他们在看电影的时候，那个女孩吃完了手中的冷饮后，把包装纸缠在木棒上始终拿在手里，直到走出影院才投进垃圾箱。她做得非常自然，不像是故意做出来的。仅此一个细节，她体现出了自身的教养；仅此一个细节，他们终于喜结连理。另一个女友在决定终身大事时，也强调一个细节，有一次那位先生在离开宾馆的房间时，将房间里的灯一个一个关掉，那一瞬间，她决定：就是他了！

对于细节的敏感不仅仅体现在婚姻恋爱的选择上，在日常生活中，对于一个人的评价等等，也时常要受到一些细节的影响。记得一个蛮有名气的女作家曾表示，她无法忍受异性肩膀上的头皮屑。我呢，比较注意的是走玻璃弹簧门。很多人进门后便潇洒地一放手，根本不顾跟进的人受他一撞。每次走到门前，只要前面有人，我都基本做好被撞的准备，缓步或用手去挡。有时候，我还离门好远，一个不相识的人在那里为我挡着门，直到我接过那扇门，我会非常感动，很唯心地想，这样的人，一生大致不会做什么坏事。

［书外人语］虽说大礼不辞小让，可许多生活中的细节都不仅仅是自己一个人的事，它关系到别人的利益和整个社会的秩序和风气，同时也是自身教养的充分展现。

如果你够爱她

艾 琳

约翰是我的朋友。最近他的太太珍妮去世了，珍妮同癌症苦斗了八年，最后还是走了。

有一天，约翰从钱包里取出一张折叠的纸条，他说是在家整理抽屉时发现的。那是珍妮写的一封小小的情书，就像小女生在纸上随手写的关于梦中男孩的情话，就差画一颗心，再写上两个人的名字。只是珍妮当时不是小女生，而是一位养育了七个子女的母亲，一个与病痛斗争、而且将不久于人世的女人。

珍妮的情书也道出了幸福婚姻的秘诀。

她在信中称赞她的丈夫懂得“疼爱、照顾与牵挂”。

尽管约翰凡事都很随意，但对太太因疾病而起的情绪从不掉以轻心。有时下班回家，看到珍妮神情沮丧，他会立刻拉上珍妮，去她最喜欢的餐馆吃饭。

“在我病痛时给我帮助。”珍妮写这句话时或许正饱受病痛的折磨，也或许刚刚又一次从死亡的边缘挣扎出来，憧憬生活又回复到了她生病以前。

“忍让我。”

“支持我。”

“总是赞美我。”这点对于常常挑剔、批评他人的人尤其是条忠告。

“照顾到我的需要。”

纸的背面又接着写道:“热情、幽默、善良、体贴。”然后她说与她相依相伴、她深爱的丈夫“在我需要你的时候，你就会出现在我的身边”。

她最后的话仿佛概括了一切:“你是我知心的朋友。”

读完，我问约翰:“和一个人朝夕相处38年，还要加上疾病的困扰，真是不容易！如果有一天我的太太病了，真不知道我能不能做到一直陪伴她、守护她。”

约翰轻声说:“如果你足够爱她，你就能做到。”

[书外人语] 谈恋爱时，许多人说：为了你我可献出生命。可结婚后，许多人为了洗碗、拖地等小事而吵架。最实际的爱情不一定是鲜花与誓言，而是融入生活每件小事中的真切关怀。

博士生的论文

|文 燕

一位社会学博士生，在写毕业论文时糊涂了，因为他在归纳两份相同性质的材料时，发现结论相互矛盾。一份是杂志社提供的4800份调查表，问的是：什么在维持婚姻中起着决定作用(爱情、孩子、性、收入、其他)?90%的人答的是爱情。可是从法院民事庭提供的资料看，根本不是那么回事，在4800对协议离婚案中，真正因感情彻底破裂而离婚的不到10%，他发现他们大多是被小事分开的。看来真正维持婚姻的不是爱情。

例如0001号案例：这对离婚者是一对老人，男的是教师，女的是医生，他们离婚的直接原因是：男的嗜烟，女的不习惯，女的是素食主义者，男的受不了。

再比如0002号案例：这对离婚者大学时曾是同学，上学时有三年的恋爱历程，后来分在同一个城市，他们结婚五年后离异。直接原因是：男的老家是农村的，父母身体不好，姊妹又多，大事小事都要靠他，同学朋友都进入小康行列，他们一家还过着紧日子，女的心里不顺，经常吵架，结果就分手了。

再比如第4800号案例：这一对结婚才半年，男的是警察，睡觉时喜欢开窗，女的不喜欢；女的是护士，喜欢每天洗一次澡，男的做不到。俩人为此经常闹矛盾，结果协议离婚。

本来这位博士以为他选择了一个轻松的题目，拿到这些实实在在的资料后，他才发现《爱情与婚姻的辩证关系》是多么难做的一个课题。

他去请教他的指导老师，指导老师说，这方面的问题你最好去请教那些金婚老人，他们才是专家。

于是，他走进大学附近的公园，去结识来此晨练的老人。可是他们

小楼西角断虹明
子恺

的经验之谈令他非常失望，除了宽容、忍让、赏识之类的老调外，在他们身上他也没找出爱情与婚姻的辩证关系。不过在比较中他有一个小小的发现，那就是：有些人在婚姻上的失败，并不是找错了对象，而是从一开始就没弄明白，在选择爱情的同时，也就选择了一种生活方式。就是这种生活方式上的小事，决定着婚姻的和谐。有些人没有看到这一点，最后使本来还爱着的两个人走向了分手的道路。

据说，博士生导师就因为他这一小小的发现，使他通过了博士论文的答辩。

[书外人语] 家庭的组建是因为有了爱情，家庭的破裂是因为缺乏宽容。

天才之路

|文 燕

在里约热内卢的一个贫民窟里，有一个男孩，他非常喜欢足球，可是又买不起，于是就踢塑料盒，踢汽水瓶，踢从垃圾箱拣来的椰子壳。他在巷口里踢，在能找到的任何一片空地上踢。

有一天，当他在一个干涸的小塘里猛踢一只猪膀胱时，被一位足球教练看见了，他发现这男孩子踢得很是那么回事，就主动提出送给他一只足球。小男孩得到足球后踢得更卖劲了，不久，他就能准确地把球踢进远处随意摆放的一只水桶里。

圣诞节到了，男孩的妈妈说:“我们没有钱买圣诞礼物送给我们的恩人，就让我们为他祈祷吧。”

小男孩跟妈妈祷告完毕，向妈妈要了一只铲子跑了出去，他来到一处别墅前的花圃里，开始挖坑。

就在他快挖好的时候，从别墅里走出一个人，问小孩在干什么，小男孩抬起满是汗珠的脸蛋，说："教练，圣诞节到了，我没有礼物送给您，我愿给您的圣诞树挖一个树坑。"

教练把小男孩从树坑里拉上来，说，我今天得到了世界上最好的礼物。明天你到我的训练场去吧。

三年后，这位17岁的小男孩在1958年世界杯上率领巴西队第一次捧回金杯。一个原来不为世人所知的名字——贝利，随之传遍世界。

天才之路都是用爱心铺成的，并且在铺成这条路的爱心中有天才自己的一颗。

[书外人语] 天才之路如此，普通人的成才之路又何尝不是如此?

真心无价

朵 拉

孔子有一天来到郊外，看见有个妇人伤心哭泣，就叫弟子去询问原因。

弟子来到妇人面前，问道："我的老师孔夫子问你，为什么哭得如此悲痛呢?"

妇人回答："我刚刚割草的时候，把丈夫送给我的那支用蓍草编的簪子弄丢了，怎么找都找不到，所以很难过。"

弟子不明白："不过是一根蓍草编的簪子，太普通了，也不值钱，你用得着那么悲伤吗?"妇人说："那是亡夫送给我的定情之物，不是普通的簪子呀，所以我才会那样悲痛。"

孔子听过以后，对弟子们说："真心真情，哪怕是一根草做的簪子，也比金和玉的簪子还更有价值。”

礼物的价值不在于金钱的多寡，更让人感动的是送礼人的真心情意。

曾经有个朋友收过很名贵的生日礼物，一间双层独立式洋楼。许多认识的朋友听说了都羡慕她。可惜送她礼物的人仅过两年就不在她身边了，对他眷恋不舍的她黯然流泪问：“是不是可以用这间房子交换他的心？”

人心的价值又是多少呢？如果他的心是可以以物质来交换，你还想要拥有吗？

在一个黄昏，几个朋友在喝茶，M突然站起来，说是要赶着回去，大家纷纷开口挽留他：“再坐一会儿嘛。”“那么久才见一次，这样紧张要回去干吗？”“好不容易老同学都有时间，你别急着走。”

“不行。”M摇头，“我答应太太每天黄昏陪她散步。”

“一天不散步也没关系呀！”

“是嘛，散步有那样重要吗？”

M笑，坚决地说：“不可以，早就说好了，这是我今年送给她的生日礼物呢。”

真没想到“每天一同去散步”也可以成为一份礼物。时常为生意而忙碌不堪的M，能够坚持天天挤出一段时间来陪同散步，对他太太来说，这真是一份温馨可贵、意义深重的礼物。

年轻时候比较浅薄，认定凡是节日，非要送礼；在岁月的长河中不断淘洗后，终于明白真正有情，在乎一心。丰沛深长的情意，是任何礼物都不能替代的。

[书外人语] 真诚的付出，其实就是世间最贵重的礼物。穷人也许倾其所有买了一枝玫瑰，富翁随手开张支票买颗大钻戒，二者孰轻孰重呢？

恶有恶报

|刘日兴

1883年，美国得克萨斯州的一个骗子格林·迪克林特抛弃了一位被他玩弄的姑娘。那姑娘痛苦不堪，终于含悲自杀身亡。她弟弟决心为姐姐报仇雪恨。

当他举枪向格林射击时，子弹只擦伤了仇人脸上一层皮，就射入一棵树干中。格林吓得应声倒地。他十分庆幸自己恶有善报，大难不死。

30年后，1913年格林想锯掉那棵常常唤起恐惧的大树。然而那粗大的树很难锯倒，他气急败坏地决定用炸药把树炸掉。当爆炸声响时，那棵子弹突然从树中飞出，正击中格林的头部。姑娘终于报仇雪恨了。

[书外人语] “善恶到头终有报”、“近报自身，远报子孙”等等，这些话很多时候都是老百姓受恶人欺负又没有好办法时说的，好像是自我安慰，但不可否认，这绝对是真理。

生命中最初的痛

|霓 菲

那一年他刚满七岁，读小学二年级。

一天下午，老师组织学生在校园里采摘还未成熟的青青豆荚，他个子最矮小也最卖力。孩子天生好馋，何况又是饥饿的年代。到劳动结束的漫长几个小时中，全班同学几乎都私下里偷偷地往嘴里塞了几枚青豆。惟有他，咽回去一次又一次溢出的涎水，任凭饥肠辘辘，任凭胃壁痉挛，始终不曾让自己吞下一枚豆子。

放学时，老师逐一盘诘这些不谙世事的孩子。每个孩子都胆怯地默认了。惟有他挺胸、抬头、干脆爽朗地答道："没有，一颗都没有。"

老师死死盯着他，再次厉声责问，他的声音就明显低沉了下去。"一点不老实，小小年纪就撒谎。"他被牵着耳朵推搡着，其他同学回家了，惟有他留下了，流着泪……

［书外人语］诚实的语言需要有信任的耳朵来倾听，更需要有善良的心来领会。

我没有钓住那条鱼

〔美〕约翰·格利夫·韦蒂尼

我首次钓鱼的情景至今依然历历在目，仿佛刚刚发生在昨天一般。

记得那是初秋时节的一天，温煦的阳光静静地照耀着树林，叔叔带我去钓鱼。多年的垂钓经历使叔叔深谙何处小狗鱼最多，他特意将我安排在最有利的位置上。我模仿别人钓鱼的样子，甩出钓鱼钱，眼巴巴地等候鱼儿前来叮食。好一阵子什么动静也没有，我不免大为失望。"再试试看。"叔叔鼓励我道。忽然诱饵消失得无影无踪了。"这回好啦，"我暗忖，"总算来了一条鱼!"我赶紧猛地一拉鱼竿，岂料扯出的却是一团水草……我一次又一次地挥动发酸的手臂，把钓线抛扔出去，但提出水面时却总是空空如也。我望着叔叔，脸上露出恳求的神色。"再试一遍，"他若无其事地说，"钓鱼人得有耐心才行。"

突然间，好像有什么东西在拽我的钓线，旋即一下子将它拖入了深水之中。我连忙往上一拉鱼竿，立刻看到一条逗人喜爱的小狗鱼在璀璨的阳光下活蹦乱跳。“叔叔!”我掉转头，欣喜若狂地喊道，“我钓住了一条!”“还没有哩。”叔叔慢条斯理地说。他的话音未落，只见那条惊恐万状的小狗鱼鳞光一闪，便箭一般地射向了河心。钓线上的鱼钩不见了。我功亏一篑，眼看快到手的捕获物又失去了。

我感到分外伤心，满脸沮丧地一屁股坐在草滩上。叔叔重新替我缚上鱼钩，安上诱饵，又把鱼竿塞到我手里，叫我再碰一碰运气。

“记住，小家伙，”他微笑着，意味深长地说,“在鱼儿尚未被拽上岸之前，千万别吹嘘你钓住了鱼。我不止一次看见大人们在很多场合下都像你这样，结果干了蠢事。事情未办成之前就自吹自擂一点用也没有；纵然办成了也毋须自夸，这不是明摆着的么?”

打这以后，每当我听到人们为一件尚未办成的事情而自我吹嘘时，就情不自禁地回忆起叔叔那一句格言警语般的忠告:“在鱼儿尚未被拽上岸之前，千万别吹嘘你钓住了鱼。”

[书外人语] 功败垂成，越临近成功时越马虎不得。很多时候，当你刚准备松口气的时候，煮熟的鸭子却张开了翅膀。

第七辑

爱的家园

带快乐回家

杨小云

去到一个朋友家做客，出了电梯，赫然见门上挂了一方木牌，上头写着两行字:“进门前，请脱去烦恼；回家时，带快乐回来。”

当时，久久凝视，细细玩味，不禁对这家主人萌生无限感佩。短短的两句话，蕴含的却是深奥的家庭哲理。

进屋后，果见男女主人一团和气，两个孩子大方有礼，一种看不见却感觉得到的温馨、和谐，满满地充盈着整个屋内。

自然询及那方木牌，女主人笑着望向男主人:“你说。”男主人则温柔地瞅着女主人:“还是你说，因为，这是你的创意。”女主人甜蜜地笑笑道:“应该说是我们共同的理念才对。”

经一番客气的推让后，女主人轻缓地说:“其实也没什么大学问，一开始只是提醒我自己，身为女主人，有责任把这个家经营得更好……而真正的促因，是有一回在电梯镜子里看到一些充满疲困、灰暗的脸，一双紧拧的眉毛，下垂的嘴角，烦愁的眼睛……把我自己吓了一大跳，于是，我开始想，当孩子、丈夫面对这样愁苦暗沉的面孔时，会有什么感觉?假如我面对的也是这样的脸孔时，又会有什么反应?接着我想到孩子在餐桌上的沉默、丈夫的冷淡，这些在原先意念里都认定是他们不对的事实背后，是不是隐藏了另一项我不了解的原因，而真正的原因，竟是我！当时我吓出一身冷汗，为自己的疏忽……当晚我便和外子长谈，第二天就写了一方木牌钉在门上以提醒自己，结果，被提醒的不只是我而是一家人……”

好有智慧、好可爱的女人。

天下的好坏，幸与不幸，快乐和痛苦，常常是一体的两面，一念之间的转换，就呈现截然不同的世界。而所谓的幸福，大部分取决于一个人的思想，能不能审视、省悟而有所改变，也全在于自我意识。

人性中有十分依赖、不负责任的弱点，常常我们自己办不到的事，却寄望别人达成，尤其是最亲近的人。表现在一个家里，便形成每个人都希望别人尊重我、体贴我、照顾我、了解我、对我好、给我方便、为家带来欢乐，却很少思考到，“我”给这个家带来了什么。

“家”是一个硬体，“人”才是组成并发挥功用的软体。每个人都带一些快乐欢笑回家，家里自然充满笑声；相对的，每个人都携烦恼与不快进来，定是愁云惨雾。

当然，我们并不是告诉大家“报喜不报忧”，互相分享，也互相分担，是家的功用之一；但分担的意义是通过沟通以达到的目的，而不是成天绷着脸，将心中怨气，毫无道理地扔给其他人，或是老觉得别人对不起自己。

沟通，对家人而言是绝对必要的，有话坐下来好好地讲，这样别人才能知道你的想法，也帮你自己整理思绪、稳定情绪。

切忌什么事都埋在心底，却暗自期望别人了解，而当别人不明白时，又萌生失望而感伤，而将怨气由其他方面宣泄出来，弄得别人一头雾水，自己一肚子气。

家，应该是最舒服、安全、稳定、快乐的地方，但是，这些内在境界绝不可能凭空就有，而是需要家里每个成员一起努力共同经营才会成形成的。

下次，回家时，要不要先对自己说：扔掉烦恼，带快乐回来。

［书外人语］家庭好比是一个“情感银行”，你把欢乐“存”进去，收获的是带利息的欢乐，你如若把烦恼“存”进去，回报也自然是更多的烦恼。

表达出你感激的心情

｜〔美〕罗勃·康克林

有一位妇人，她辛苦地支撑着一个家，却从未得到家人的任何感激。有一天晚上，她问她的先生:“彼得，我在想，万一我有一天死了，你会不会花一笔钱买花向我哀掉，你会吗?”

“当然会啊! 玛莎，你干吗问这个?”

“我只是在想，其实到那时候，二十块的鲜花对我已经一点意义也没有了。但是我还活着的时候，有时候只要一点鲜花，对我却更有意义。”

玛莎的感叹，不也正是你周遭每个人内心深处呐喊的心声吗?有时只要一点鲜花，便能带给别人活下去的基本希望和喜悦。

那么你还等什么呢?你还要等到你的心无法再爱，眼睛永远无法再睁开，耳朵也永远听不到，才肯行动吗?

[书外人语] 世上没有卖后悔药的，及时地表达出你的感情与谢意吧。

画 中 人

｜〔菲律宾〕小四

没见过那么丑又那么开心的女人，每天黄昏经过小桥，总遇见那木推车，总见那女人坐在车子上，怀里不是搂着她儿子(我断定是她儿子，因为小男孩那副丑相简直就是女人的翻版)，就是破箱子、破胶袋、草席、木桶、饼干盒、汽车轮大包小包拉拉杂杂地把她那起码两百磅的身子围在中心。那男人(想必是她丈夫)龇牙咧嘴地推着车子，黄褐色的头发湿淋淋地贴在尖尖的头颅上，打着赤膊，夕阳下的皮肤红得发亮，半长不短的裤子松松垮垮地吊在屁股上。每次木推车上桥时，男人的裤子就掉下来，露出半个屁股。看的人都觉得要累死了，那胖女人可坐得心安理得，常常还悠哉悠哉地吃着雪糕筒呢！……男人望着车上的母子俩人大笑……看着一家3口笑得死去活来，我也放怀跟着他们恣意地大笑一场。

唉，管什么男的讲风度，女的讲气质，什么人生的理想，生活的目标，什么经济不景气，借人家的一百万会不会还得上?这一家3口，男人的黄发和木车扶手上的蛤蜊告诉我，他是捕鱼郎，女人大概是摆地摊的小贩，每天快快乐乐地出海摸蛤蜊，每天快快乐乐地赶集摆地摊，然后跟着夕阳回家。

丑成那样，穷成那样，又有什么关系呢?

[书外人语] 幸福并不是有钱人的专利。也许我们还没有富裕起来，但并没有人阻碍我们快乐起来。

与工作斗争的人

〔美〕安迪·彼得曼

我不是那种偷听别人闲聊的人，但是当有一天夜已深，我走过我们院子的时候，我发现自己正干着偷听的事。

我的妻子正跟坐在厨房地板上的最小的儿子说话，我静静地停下来，在门的遮掩下在外面听起来。

妻子似乎已听到孩子们都自夸他们爸爸的工作。诸如他们都是高官显宦之类……接着他们问我们的鲍勃:“你父亲有什么样的好职业?”鲍勃好像有点不自然地低声咕哝道:“他是个与工作斗争的人。”

我细心的妻子一直等到其他孩子离开，才把我们的小儿子叫进屋里来。她说道:“我有事情要告诉你，儿子。”说着并吻他有酒窝的双颊。

“你说你父亲只是个与工作斗争的人，你说的是正确的。但是我怀疑你是否真正理解那其中的含义，下面我将向你解释。

“在所有工厂里，普通工人的努力使我们的国家更强大，在所有的商店、商场、汽车行业里，繁重的工作使我们每天竭尽全力。正是普通的与工作斗争的人来完成伟大的事业!当你看到一座新房子建起来的时候，你应记住这一点，我的儿子!

“高级官员拥有优雅的办公桌和整洁的环境。他们计划宏伟项目……签订契约，但是把他们的梦想变为现实的，是那些普通的与工作斗争的人!应记住这一点，我的儿子!

“如果所有的老板离开他们的办公桌停止工作一年，工厂机构仍能够高效率运转。如果像你爸爸那样的人不上班，工厂就运转不起来了。正是普遍的与工作斗争的人来完成伟大的工作!”

当我跨过门槛的时候，我强忍住眼泪并清了一下喉咙。

我的小儿子从地板上跳起来，高兴得眼里都放出了自豪的光芒。

他拥抱着我说:“嘿，爸爸，我真为是您的儿子而感到自豪……因为您是完成伟大事业的特殊人中的一员。”

[**书外人语**] 社会是一个典型的金字塔结构，它的基础就是大多数“与工作斗争的人”。我们也许难以爬到风光的塔尖上，但这并不意味着我们自己就没有价值，不值得尊重。

给警察的诗

| [美]鲍勃·格林

1986年9月22日，芝加哥市警察杰伊·布隆基拉在逮捕毒贩时中枪殉职。事后不久，他的同行、服务警界已20年的肯恩·纳普席克下班回家时，发现15岁的女儿在餐桌上留了一个条子。

爸爸：这首诗是我的肺腑之言。我很爱你，因此，每天你为了供养我们而出去冒各种危险时，我都既骇怕又惊异。我写这首诗，是要表达我对你的深爱，并且让你知道，如果没有你，我会多么失落。——劳拉

劳拉那首诗题为“最好的警察”，是献给“世界上所有值得女儿全心相爱的警察，特别是我爸爸”的，内容讲一个警察的女儿看电视夜间新闻，看到她父亲遭受枪击。诗里面有几句说:“爸爸，我的爸爸，你听得到我哭吗?啊，老天爷，我需要我爸爸，请别让他死!”

纳普席克独自站在那里读诗。“我花了几分钟才读完，”他说，“我总是读几句就必须停住，过一会儿才能继续读下去。我一面读，一面哭泣。她以前从没有告诉我她害怕。”

第二天，他把诗带回警察局给同事看。“我一辈子都没有见过那么多大汉落泪，有些甚至无法把诗读完。”

纳普席克一直把女儿的诗放在制服的口袋里，每天离家去上班时，都把它带在身上。

“我不想值勤时身上没带着它，”他说，“我大概永远都会带着它。”

[书外人语] 为了大多数人的利益与安全，总有一些孩子的父亲、母亲的儿子工作在较为危险的行业，我们在警匪片、战斗片中见过许多流血场面，可否想到过那血泊中的每一个人对他们的亲人都意味着什么？

温馨的报纸

〔美〕鲍勃·格林

我因为工作关系，要阅读许多报纸刊物，其中最喜欢的，名叫《家庭新闻》。它的主编是伊利诺斯州莱尔镇14岁女孩希瑟·柯克。

希瑟认为她所有的亲戚都应该知道彼此的近况，因此每隔几个月，她就编一期《家庭新闻》。她母亲把它复印50份，她就把它们一一寄出。收到《家庭新闻》的亲戚有73人，分别在九个州，年龄从4岁到94岁。由于这份报，希瑟的家族能够保持联系，这是大多数家庭都办不到的。

我喜欢《家庭新闻》，是因为它温馨亲切，那上面写的都是些普通而简单的话语，但对于阅读它的人来说，却十分有用。以下是它的一些“报道”：

“凯文参加高尔夫球比赛，在他那一组得了第一名，他开心极了!”

“麦特长出了第二颗牙。他整天在地上来回跑，到他想到的地方去。”

“奶奶、希瑟和凯文一起把落叶扫到一起，然后在后院把它们烧掉。发出很多烟，飘到了街上。”

“斯提夫买了辆新的小货车，深蓝色的，你简直可以住在里面。”

“希瑟开始编《家庭新闻》时，只有七岁，”她母亲珍妮·艾腾朵夫说，“那时我没有预期它能维持到今天。可是对她和我们家里每个人来说，这刊物显然很重要。它发扬了一种团结作用。我的小叔汤姆捐钱买邮票。叔叔法兰克从不写信给别人，但居然写信给希瑟，请她继续出报——他不可能收到比它更重要的报纸。”

希瑟不认为编这份报是苦差。“它很有趣，”她说，“我一有时间就去拜访亲人，看有没有新鲜事，然后发表在下一期。最令我开心的事情，是听到亲人说它对他们多么重要。我计划一直编下去，直到我真正老了——比方说18岁。”

[书外人语] 欧佩克油价浮动、联合国官员变化等等国际新闻值得我们关心，家庭、亲朋之间的“小新闻”对我们更有意义。不一定非要编家庭报纸，打个电话、发个E-mail总可以吧，亲人们之间的这种沟通交流更有益于增进感情。

浪子归来

〔美〕彼德·哈米尔

他们一行共六人：三个小伙子，三个姑娘，正动身去佛州的某海滨小城度假。他们的纸袋里装着三明治和酒，在34街搭上了长途汽车。纽约城阴冷的春天在他们身后悄然隐去。现在，他们渴望着金色的沙滩和滚滚的海潮。

车过新泽西时，他们发现车上有个人像被“定身法”定住似的一动不动。他叫温葛——他坐在这帮年轻人面前，风尘仆仆的脸色像张面罩，叫人猜不透他的真实年龄。他身穿一套不合身的朴素的棕色衣服，手指被烟熏得黄黄的，嘴里老在嚼着什么，他坐在那儿，一声不吭。

在几天漫长的旅途中，年轻人的热情终于感染了温葛，他开始痛苦地、缓缓地对他们说起了自己的生平。这四年他一直在纽约坐牢，而现在他正回家去。

“您有妻子吗?”

“不知道。”

“怎么会不知道?”大家都吃了一惊。

“唉。怎么给您说呢。我在牢里写信给妻子，对她说：玛莎，如果你不能等我，我是理解你的。我说我将离家很久。要是她无法忍受，要是孩子们经常问她为什么没有了爸爸——那会刺痛她的心的。那么，她可以将我忘却而另找一个丈夫。真的，她算得上是个好女人，我告诉她不用给我回信，什么都不用，而她后来也的确没给我写回信。三年半了，一直音讯全无。”

“现在你在回家的路上——她也不知道吗?”

“是这么回事。”他难为情地说，“上星期，当我确知我将提前出狱时，我写信告诉她：如果她已改嫁，我能原谅她，不过要是她还是独身一人，要是她还不厌弃我，那她应该让我知道。我们一直住在布朗斯威克镇，就在贾克逊村的前一站。一进镇，就可以看到一株大橡树。我告诉她：假如她要我回家，就可以在树上挂一条黄手绢，假如她不要我回去，那她完全可以忘记此事，见不到黄手绢，我将自奔前程——前面的路还长着呢。”

“呀，原来是这么回事!”年轻人一时不知该说些什么才好。

温葛拿出他妻子和三个孩子的照片给他们看。距布朗斯威克镇只有20里了，年轻人赶忙坐到右边靠窗的座位上，等待那大橡树扑入眼帘。而温葛心怯，他不敢再向窗外观望。他重新板起一张木然的脸，似乎正努力使自己在又一次的失望中昂起头来。只差10里了、5里了，车上一片静悄悄。

突然，晴天一声霹雳——青年们一下子都站起身，爆发出一阵欢呼！他们一个个欢喜若狂，手舞足蹈。

只有温葛不知所措，呆若木鸡。那橡树上挂满了黄手绢，20条、30条，兴许有几百条吧——好像微风中飘扬着一面面欢迎他的旗帜。在年轻人的呼喊声中，老囚犯慢慢从座位上站起身，向车门走去，他迈出了回家的步子，腰杆挺得直直的。

［书外人语］古老的大橡树、美丽的黄飘带，这个故事是世界上经典的爱情故事之一。它告诉我们：只有爱才能让世界更美丽。

纽　　带

｜〔美〕**J·G·**克里斯

大一住校时，就寝前二三十分钟是本宿舍的“社会论坛”。

今天讨论的主题是：什么是维系婚姻的纽带?有说金钱，有说爱情，大家七嘴八舌，引经据典，“躺着”说话不腰疼。费尔德清清喉咙，大家知道这来自南方阿拉巴马州乡下的小伙子不善言辞，都半带同情半带礼貌地闭上了嘴。

“小时候，我觉得爸妈跟别人家的父母都很不一样，相互没有什么亲昵的话语，我也未曾见过他们接吻，这让我感到又害臊又担忧。万一某一天他俩离婚了，我可咋办?十岁那年夏天，雨水特别多。一天，大雨滂沱，电闪雷鸣。河坝坍塌了，小村庄立即变成水乡泽国。我被抱到阁楼上，四周黑咕隆咚，我又冷又怕，鼓起勇气往窗外望，闪电劈开黑幕，爹和妈正趟水挣扎进院子，浑浊的洪水打着漩涡，直到膝盖处，他俩肩并肩，低着头，顶着风雨，看不见脸庞。妈妈一手揪住爹的衣服，一手抱着从倒塌的鸡棚里救出来的一窝鸡雏；爹一手搂着妈的肩，一手抱着一只刚生下的羊羔。雪白雪白的闪电亮了不到一秒钟，但这幅天地之间只剩两个人的图画已定格在我一生的记忆中。

“从此我不再为他们没有电影上那些夫妻间的亲密举止而忐忑不安了。我理解，他们拥有一条世上最牢固的纽带：风雨同路的生活。”

没人作声，似乎都为费尔德居然舌头不打结讲完这么多话而惊讶。良久，罗伯特低声说：“熄灯吧。”

［书外人语］《马太福音》中有这样一段话：“雨降下，洪水冲来，大风吹袭，击打在那房屋上头；而它却不倒塌，因为它建筑于磐石之上。”那么，我们家庭的磐石是什么呢?

珍贵的爱

栖 云

这是一次非同寻常的出生。很多眼睛注视着分娩室的门，相识或不相识的面孔神情严肃。一刻钟，又一刻钟，当婴儿响亮的哭声传来，很多人流下了眼泪。原来婴儿的父亲身患癌症，命在旦夕，为了能让他活着时抱一抱亲生孩子，婴儿的母亲决定让孩子提前两周出生。

那个不幸而又幸运的父亲终于在生命尽头拥抱了自己的女儿:“你真美丽，我是你爸爸，不要忘记我。”这是他生命中唯一一次拥抱女儿，也是留给女儿唯一的一句话。

女婴的名字叫伊莫金，她出生三日后父亲死亡。

提前两周出生的早产儿，是否健康?会不会因为不足月孱弱而多病?闭上眼睛，我甚至猜想出她发烧的样子。极冷的冬夜，她的母亲紧紧抱着她，赶末班的汽车去医院。雪下得正紧，北风刀一样割向脸颊。僵硬的手指抹过去，不知是雪水还是泪水。

出生便面对父亲的丧生，一切苦难可能接踵而至。

但当她懂事那一天，我肯定她没有怨言。她以超前两周的诞生，跨越了生死门槛，被父亲紧紧拥抱。她享受到了深沉的父爱，她是个被父亲抱过、祝福过、叮咛过的女孩，尽管一生仅有一次。父爱将永远留在她身上，她永远无憾。

不得不提到那位勇敢的母亲，她叫安吉拉·穆恩。她教会我们懂得了，有些爱，宁可稀少，不可缺少，那是我们情感的源头。

［书外人语］物以稀为贵，难道爱也如此吗?当父母每天面对孩子，孩子每天面对父母时，有几人能清楚地知道自己生活在“爱”中?

真　爱

|王国华

这是一个现代都市里的浪漫爱情故事。他得了绝症，她辞掉了自己的工作，专心在医院里照顾他。他们纯洁的恋情打动了所有的人。

整整两年，他们的病友换了一个又一个，有的康复出院，有的进了太平间。而小伙子的病情不见好转也不见恶化。终于有一天，医生告诉他们一个沉痛的消息：小伙子的生命挺不过这一周了。女孩儿痛哭失声，小伙子却长舒了一口气，报社的记者们知道了这个感人的故事也匆忙赶来了。

记者们提出给两个人拍一张照，女孩儿拢了拢自己的头发，准备配合记者拍照，小伙子却拦住了:“还是不要拍了吧?”

“为什么?”

“将来她还要嫁人呢！我不想打搅了她以后正常的生活。”

她扑进他怀里失声痛哭。

第二天报纸上登出的是女孩的侧面照，一张美丽得让人心碎的侧影。

[书外人语] 大千世界中的每时每刻，都在上演着爱情的悲剧、喜剧、闹剧、正剧，每个人都在给爱情下着自己的定义。感人的往往是悲剧，但愿朋友们主演的都是“正剧”，有真爱，有美满的结局。

有一个秘密是你爱我

在丹麦历史上有一对很有名的科学家兄弟，哥哥尼尔·波耳是物理学家，外向，善言；弟弟哈洛·波耳是数学家，内向，拙于言辞。他们是好兄弟，一条藤上的两个出色的瓜。

一天，哥哥尼尔建议他俩来个互相揭短，他觉得这很好玩。

弟弟哈洛说:“噢，那我可做不到!”

哥哥说:“难道你不想让我快乐吗”

弟弟只好说:“你先说!”

哥哥开始批评弟弟:“你总是口齿不清，不会说爱的话，没有人知道你的细心、你的关怀……好了，现在你可以损我了!”

弟弟还是笑着平静地说:“我做不到!”

哥哥急了，便说:“你讲话不算数!”

弟弟这才“嗯嗯”地开了口:“哥、哥，你的衣领上有一根线头。”边说边帮他拿掉。

这便是弟弟拙于言辞的力量，他的言行朴素而深情。我有许多这样木讷的朋友，他们不会为我送花，但我很清楚，如果我需要鲜血支援的时候，他们会毫不犹豫地挽起袖子给我热血。

［书外人语］我们需要美丽的鲜花，更需要真诚的鲜血，二者可以兼得，固然更好。

未上锁的门

〔英〕凯瑟琳·金

在苏格兰的格拉斯哥，一个小女孩像今天许多年轻人一样，厌倦了枯燥的家庭生活，父母的管制。

她离开了家，决心要做世界名人。可不久，在经历多次挫折打击后，她日渐沉沦，终于只能走上街头，开始出卖肉体。许多年过去了，她的父亲死了，母亲也老了，可她仍在泥沼中醉生梦死。

这期间，母女从没有什么联系。可当母亲听说女儿的下落后，就不辞辛苦地找遍全城的每个街区，每条街道。她每到一个收容所，都哀求道："请让我把这幅画贴在这儿，好吗？"画上是一位面带微笑、满头白发的母亲，下面有一行手写的字："我仍然爱着你……快回家！"

几个月后，没有什么变化。桀骜的女孩懒洋洋地晃进一家收容所，那儿，正等着她的是一份免费午餐。她排着队，心不在焉，双眼漫无目的地从告示栏里随意扫过。就在那一瞬，她看到一张熟悉的面孔："那会是我的母亲吗？"

她挤出人群，上前观看。不错！那就是她的母亲，底下有行字："我仍然爱着你……快回家！"她站在画前，泣不成声。这会是真的吗？

这时，天已黑了下来，但她不顾一切地向家奔去。当她赶到家的时候，已经是凌晨了。站在门口，任性的女儿迟疑了一下，该不该进去？终于她敲响了门，奇怪！门自己开了，怎么没锁?！不好！一定有贼闯了进去。记挂着母亲安危，她三步并作两步冲进卧室，却发现母亲正安然地睡觉。她把母亲摇醒，喊道："是我！是我！女儿回来了！"

母亲不敢相信自己的眼睛。她擦干眼泪，果真是女儿。娘儿俩紧紧抱在一起，女儿问："门怎么没有锁？我还以为有贼闯了进来。"

母亲柔柔地说:“自打你离家后，这扇门就再也没有上锁。”

[书外人语] 父母对子女的爱是最伟大的，它没有任何附加条件。无论你优秀还是普通，甚至是……父母的爱之门永不会关闭。

虚职实爱

|星 竹

一位原本家境就很贫寒的女大学生，从遥远的乡下来到北京。然而她来京上学还不到10天，家中就传来噩耗，父母姐妹在制作花炮的过程中，竟然在一声爆响里全被炸死了。家中房倒屋塌，不剩片瓦。从此女大学生举目无亲，再也没有一分钱的来源。

她含着眼泪向学校提出退学。看来这是唯一的办法。老师问她日后打算怎么办，她说家中有一亩一分地的水田，还有一头老牛。19岁的她面临着另一种生活，回家种地，做一名乡野农妇。

老师听罢同样哭了，同学们也在迅速地为这名还来不及熟悉的同学赞助车费。可转天老师告诉她，说我爱人在学报工作，编辑部正需要一人看稿，一月个350元。其他的我们再想办法。

她没有想到人逢绝路，又生出这样一线希望。她点点头，再次流出了泪水。

于是，她入学10天便成了一名学报的编辑。当然是业余。学校8000人，学生6500人。学报10天一张，稿子不多。她常没的看。但工资照发，月月350块。报社五个人，老张、老王、小李……人人都对她很好。她因课紧不能天天都去报社，居然没人找她。就是看稿也十分简单，改改错字，提些意见。她一度以为，做学报编辑真是轻松。

时光飞逝，落雨过去，又是落雪，四年的大学生活一晃过去了。她始终不知道，四年中的每月350块，并非学校所发。而是五名编辑人员从工资里均摊给她。她更不知道学报并不需要这样一位看稿编辑，一切都是为她专门设立的。

四年，没有人说破这个秘密，四年，她日日蒙在鼓里。她离校的那天，学报的全体编辑与她合了影，从此，她的相片高高地挂在编辑部的墙上。她走了，五位编辑突然觉得空落。到发工资的时候，他们已经习惯了将每月工资取出一部分，摊在一起。习惯了这种安慰与自我心灵的净化。献出爱心，原来也是一种人生的收获和乐趣。于是，他们决定，再帮助一位贫困生，将这种爱永久地延续下去。

他们又雇用了一名因交不起学费而要中途退学的山里孩子。

于是，每隔四年，他们墙壁上的合影中都要换一名新人，一位并不需要的编辑。这已经是三届。看着墙壁上的这一合影，他们的内心总是充满了友善和爱的光芒。编辑部的工作也因此变得更有意义和乐趣。

[书外人语] 在许多普通人悄悄地做着这样一些小事的时候，世界就在悄悄地改变。你每帮助一个人脱离愚昧和贫穷，世界就多了一份文明和富裕。

丰厚的薄赠

〔美〕罗伯特·费罗斯

印度一个名叫梅农的人初抵新德里，想在政府机关找份工作，但是他刚抵达目的地，所有的财物便在火车站被偷光。他进退维谷，于是他向一位年老的锡克教徒诉说他的苦处，希望能借到15卢比暂时应急，一找到工作就偿还。那人把钱借给了他，但当梅农向他要住址以便日后把钱偿还时，他硬不肯给，只是说，施恩的是一个陌生人，接受施恩的也该是一个陌生人。

梅农终身不忘这笔债，后来以行善出了名。不久以前，我在孟买机场寄存行李柜台前想领回我的行李，可是身边没有印度钱币，服务员不肯收旅行支票。这时，我旁边一位陌生人替我付了寄存行李费，然后把梅农的故事讲给我听，又叫我不必计较该还给他多少钱。他解释说：他父亲是梅农的助手。

从一位不知名的锡克教徒到一名印度公务员再到他的助手，再从助手到他儿子然后到——一个当时狼狈万分的外国人，虽然所赠有限，其心意远远超过钱的数额，它使我觉得很幸运，同时也令我时时想起，我该为别人做点什么?

[书外人语] 这些“薄赠”不在于它数目的大小，它的意义在于在这种类似接力赛的过程中，会在许多心灵中播下爱的种子，从而使行善成为很多人的习惯。

你要帮我吗?

[美]马克·汉森

1989年，一次8.2级的地震几乎铲平这座城市，在不到4分钟的短短时间里，3万人以上因此丧生!

在一阵破坏与混乱之中，有位父亲将他的妻子安全地安置好了以后，跑到他儿子就读的学校，迎面触目所见，却是被夷为平地的校园。

看到这令人伤心的一幕，他想起了曾经对儿子所作的承诺:“不论发生什么事，我都会在你身边。”至此，父亲热泪满眶。面对看起来是如此绝望的瓦砾堆，父亲的脑中仍记着他对儿子的诺言。

他开始努力回想儿子每天早上上学必经之路，终于记起儿子的教室应该就在那幢建筑物，他跑到那儿，开始在碎石砾中挖掘搜寻儿子的下落。

当父亲正在挖掘时，其他悲伤的学生家长赶到现场，悲伤纷乱地叫着：“我的儿子呀!”“我的女儿呀!”有些好意的家长试着把这位父亲劝离现场，告诉他“一切都太迟了!”“无济于事的!”“算了吧!”等等，面对这种劝告，这位父亲只是一一回答他们:“你们要帮助我吗?”然后依然继续进行挖掘工作，一瓦一砾地寻找他的儿子。

不久，消防队队长出现了，也试着把这位父亲劝走，对他说：“火灾频传，处处随时可能发生爆炸，你留在这里太危险了，这边的事我们会处理，你快点回家吧!”而父亲却仍然回答着:“你们要帮助我吗?”

警察也赶到现场，同样让父亲离开。这位父亲依旧回答:“你们要帮助我吗?”然而，却没有一个人帮助他。

只为了要知道亲爱的儿子是生是死，父亲独自一人鼓起勇气，继续进行他的工作。

时间一分一秒地流逝，挖掘的工作持续了38小时之后，父亲推开了块大石头，听到了儿子的声音。父亲尖叫着:“阿曼!”他听到了回音:

“爸爸吗?是我，爸，我告诉其他的小朋友说，如果你活着，你会来救我的。如果我获救时，他们也获救了。你答应过我的。‘不论发生什么事，你都会在我身边’，你做到了，爸!”

“你那里的情况怎样?”父亲问。

“我们有33个，其中只有14个活着。爸，我们好害怕，又渴又饿，谢天谢地，你在这儿。教室倒塌时，刚好形成一个三角形的洞，救了我们。”

“快出来吧！儿子!”

“不，爸，让其他小朋友走出去吧！因为我知道你会接我的！不管发生什么事，我知道你都会在我身边!”

[书外人语] 如果你自己都觉得没希望了，谁还能给你希望呢?

咬过的汉堡包

一个雨天的早晨，我把孩子们送到学校后顺便去了一家快餐店，点了早餐。几张桌子上都是没有收拾的狼藉纸杯、盒子和法式炸土豆条。

一位年轻妇女与一个五六岁的男孩走进来，他们坐下点菜时又进来一个人，背微驼，穿着一件破烂的上衣。他缓慢地走向一张狼藉的桌子，慢慢地检查每个盒子，寻找残羹剩饭。当他拿起一块法式炸土豆条放到嘴边时，男孩对母亲窃窃私语道:“妈，那人吃别人的东西!”

“他饿了，又没有钱。”母亲低声回答。

“我们能给他买一只汉堡包吗?”

“我想他只吃别人不要的东西。”

当女服务员递给母子俩两袋外卖食品时，男孩突然从他的袋里拿出一只汉堡包，咬了一小口，然后跑到那人坐的地方，把它放在他面前的桌上。

这个乞丐很惊讶，感激地看着男孩转身、消失。

当我离开饭店时，我看见蓝蓝的天空正从铅灰色的云朵下面露出来。

［书外人语］著名剧作家狄更斯曾这样描述生命的意义：如果我能弥补一个破碎的心灵，我便不是徒然活着；如果我能减轻一个生命的痛苦，抚慰一处创伤，或是令一只离巢的小鸟回到巢里，我便不是徒然活着。

太太，你很有钱吗?

［美］马瑞•杜兰

他们蜷缩在风门里面——是两个衣着破烂的孩子。

“有旧报纸吗，太太?”

我正在忙活着，我本想说没有——可是我看到了他们的脚。他们穿着瘦小的凉鞋，上面沾满了雪水。“进来，我给你们喝杯热可可奶。”他们没有答话，他们那湿透的凉鞋在炉边留下了痕迹。

我给他们端来可可奶、吐司面包和果酱，为的是让他们抵御外面的风寒。之后，我又返回厨房，接着做我的家庭预算……

我觉得前面屋里很静，便向里面看了一眼。

那个女孩把空了的杯子拿在手上，看着它。那男孩用很平淡的语气问：“太太……你很有钱吗?”

“我有钱吗?上帝，不!”我看着我寒酸的外衣说。

那个女孩把杯子放进盘子里，小心翼翼地，“您的杯子和盘子很配套。”她的声音带着嘶哑，带着并不是从胃中传来的饥饿感。

然后他们就走了，带着他们用以御寒的旧报纸。他们没有说一句谢谢。他们不需要说，他们已经做了比说谢谢还要多的事情。蓝色瓷杯和瓷盘虽然是俭朴的，但它们很配套。我捡出土豆并拌上肉汁，土豆和棕色的肉汁。我有一间屋住，我丈夫有一份稳定的工作——这些事情都很配套。

我把椅子移回炉边，打扫着卧室。那小凉鞋踩的泥印子依然留在炉边，我让它们留在那里。我希望它们在那里，以免我忘了我是多么富有。

[书外人语] 我们现有的这一切都很配套，很和谐，尽管我们没有可供挥霍浪费的钱，可照样可以生活得很富有，很快乐，对吗？

第八辑

生命良方

迷　　失

乔 叶

1844年，美国医生威尔斯见到有人吸了笑气猛地跌倒在地上竟毫无知觉，感到十分惊奇。第二天他就吸入笑气让别人给他拔牙，结果很成功。经过多次试验，1845年1月，威尔斯在波士顿一家医院里公开表演无痛麻醉拔牙手术。但是由于麻醉不足，病人大喊疼痛。表演失败了，威尔斯被指责为骗子，并被赶出了医院。但是，了解他全部试验过程的青年助手莫顿仍然对麻醉的可能性深信不疑。他便向化学博士杰克逊请教，杰克逊建议他用乙醚试一试。莫顿受到启发，结果大获成功。消息很快传遍了世界各地。从此，乙醚成了各个医院手术室里不可缺少的药品。

不久，美国国会决定拨出10万美元，奖励这一轰动世界的发明。然而，巨额奖金和显赫的声誉马上在三个发明人中掀起了轩然大波。三个人都向法院提出了诉讼，声称自己才是麻醉剂的发明人，应得此专项奖。官司多年未了，彼此都烦恼不堪。最后，莫顿因狂怒跌倒而死；杰克逊成了至死未愈的精神病人；威尔斯精神崩溃后在纽约自尽。

麻醉剂的发明为全世界的人类驱走了肉体上的痛苦。但是精神上的不幸和苦难却附着在发明人的心中。这一发明引发了三个发明人最顽固最可怕的疼痛——金钱的肿瘤和虚荣的癌变。

麻醉剂发明者的悲剧告诉我们：原本一个纯洁的向往和美好的动机，当逐渐沾上名利的色彩时，对人的毁灭将会是多么的无情和残酷。

［书外人语］肉体上的痛苦可以用麻醉剂来消除，而由名利、贪婪带来的精神上的痛苦，则只有用爱心和智慧来消除。

最后的话

|刘燕敏

内德•兰塞姆是美国纽约州最著名的牧师，无论在富人区还是贫民窟都享有极高的威望，他一生一万多次亲临临终者的床前，聆听临终者的忏悔。他的献身精神不知感化过多少人。

1967年，84岁的兰塞姆由于年龄的关系，已无法走近需要他的人。他躺在教堂的一间阁楼里，打算写一本书。把自己对生命、对生活、对死亡的认识告诉世人。他多次动笔，几易其稿，都感觉到没有说出他心中要表达的东西。

一天，一位老妇人来敲他的门，说自己的丈夫快要不行了，临终前很想见见他。兰塞姆不愿让这位远道而来的妇人失望，在别人的搀扶下，他去了。

临终者是位布店老板，已72岁，年轻时曾和著名音乐指挥家卡拉扬一起学吹小号。他说他非常喜欢音乐，当时他的成绩远在卡拉扬之上，老师也非常看好他的前程，可惜20岁时，他迷上了赛马，结果把音乐荒废了，要不然他可能是一个相当不错的音乐家。现在生命快要结束了，一生庸碌，他感到非常遗憾。他告诉兰塞姆，到另一个世界里，他决不会再做这样的傻事，他请求上帝宽恕他，再给他一次学习音乐的机会。兰塞姆很体谅他的心情，尽力安抚他，答应回去后为他祈祷，并告诉他，这次忏悔，使牧师也很受启发。

兰塞姆回到教堂，拿出他的60多本日记，决定把一些人的临终忏悔编成一本书，他认为无论他如何论述生死，都不如这些话能给人们以启迪。他给书起了名字，叫《最后的话》，书的内容也从日记中圈出，可是在芝加哥麦金利影印公司承印该书时，芝加哥大地震发生了，兰塞姆的63本日记毁于火灾。1972年《基督教真理箴言报》非常痛惜地报道了这件事，把它称为基督教世界的“芝加哥大地震”。兰塞姆也深感痛心，他知道凭他的余年是不可能再回忆出这些东西，因为那一年他已是90高龄的老人。

兰塞姆于1975年去世，临终前，他对身边的人说，基督画像的后面有一只牛皮信封，那里有他留给世人“最后的话”。兰塞姆去世后，葬在新圣保罗大教堂，他的墓碑上工工整整刻着他的手迹：假如时光可以倒流，世上将有一半的人成为伟人……

［书外人语］时光无法倒流，我们能做的只能是吸取前人的经验和教训，从现在起，把握住以后的时光。这样，即使成不了伟人，也可以尽可能减少生命的遗憾。

错误的恐慌

苏桔青 译

安德鲁·杰克逊，1837年曾任美国总统，美国历史上最出色的政客之一，这儿是关于他的一个小故事。

在他妻子死后，杰克逊对自己的健康状况变得非常的担忧，家中已经有好几个人死于瘫痪性中风，杰克逊因此认定他必会死于同样的症状，所以他一直在这种阴影下极度恐慌地生活着。

一天，他正在朋友家与一位年轻的小姐下棋。突然杰克逊的手垂了下来，整个人看上去非常的虚弱，脸色发白，呼吸沉重，他的朋友走到他身边。

“最后它还是来了，”杰克逊乏力地说，“我得了中风，我的整个右侧瘫痪了。”

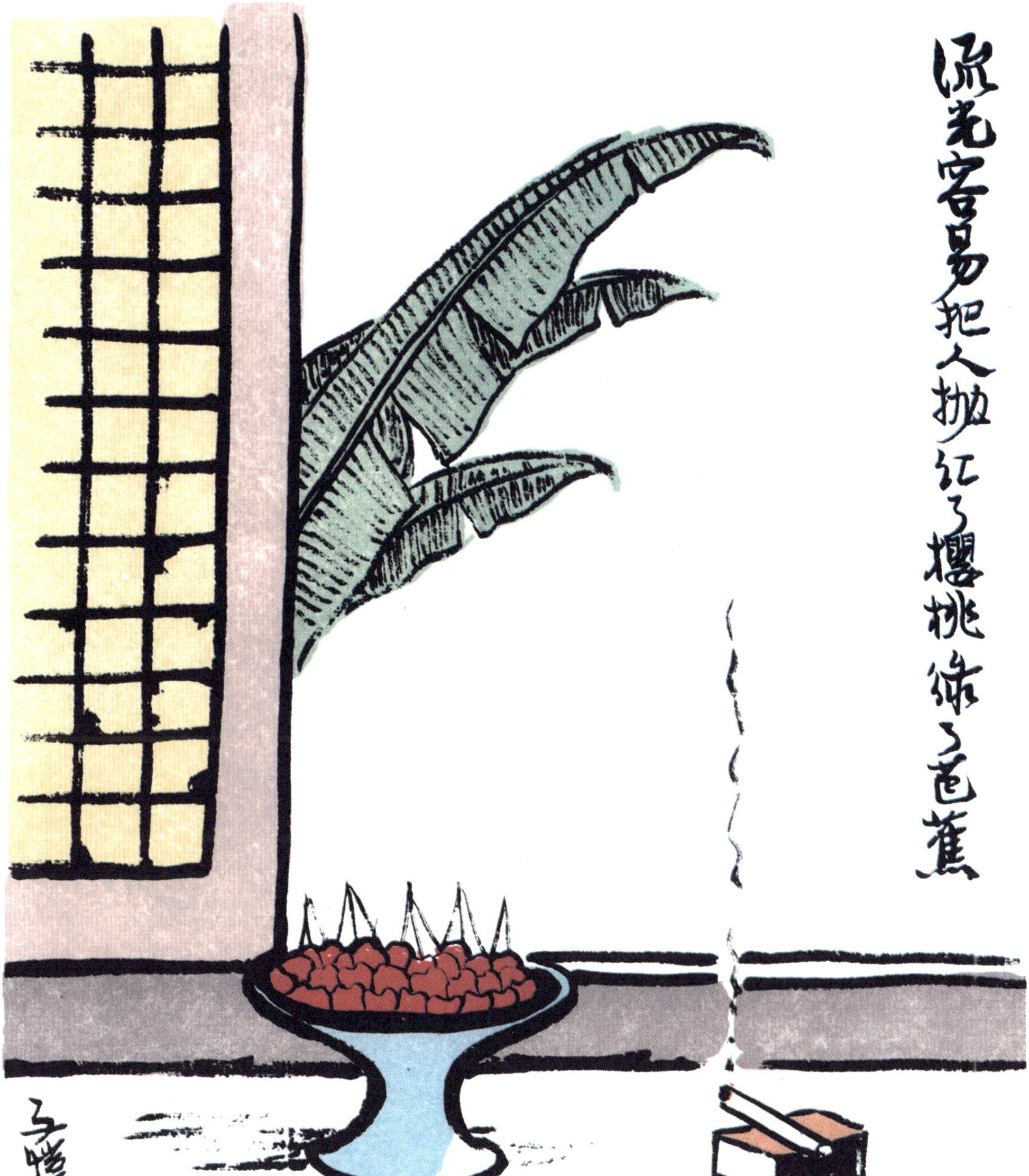
流光容易把人拋紅了櫻桃綠了芭蕉
子愷

"你是怎么知道的呢?"朋友问。

"因为,"杰克逊答道,"刚才我在右腿上捏了几次,但是一点感觉也没有。"

"可是,先生,"和杰克逊下棋的那位姑娘说道,"你刚捏的是我的腿啊!"

[书外人语] 即使不幸注定要在明早来临,你也没必要今天就为它付出代价。

生命良方

〔爱尔兰〕巴克莱

读过一篇讲狮子和驯狮的文章,十分有趣。

文章说到有年轻人到动物园找工作。他希望做一个驯狮师。这个要求已经是很不寻常,但他的理由更不寻常。他原来已接近神经崩溃的边缘,医生告诉他唯一的治疗方法,就是去找一份高度紧张的工作,让他可以忘记其他的恐惧。因此他才来申请这份最危险的工作。这位年轻人后来成了一位相当出名的驯狮师,他的毛病也好了。

解除神经紧张的方法,是去处理需要神经紧张才能解决的问题。

减轻自己负担的方法,是帮助他人减轻负担。

泰尔哈德教士20世纪40年代曾在中国寻找北京人头骨。运载行李的骡子,右边挂的是行李,左边是一块大石头,让骡子的负载平衡。非洲人用竹竿挑东西,也绑块石头在竹竿的另一端,来让肩挑的东西平衡。

我们通常是两手各提一个箱子平衡负担,比只用一只手来提要轻省得多。

担当忧伤的方法是去分担他人的忧伤。

有一位叫做巴特勒的女士，有天回到家里，她的小女儿从二楼的房间飞奔出来迎接她。屋子前面是块空地，她的女儿伏在栏杆上急着要见母亲，谁知失掉重心，从楼上掉了下来，当时死去。巴女士悲痛欲绝。有位慈善机构的老太太来安慰她，对她说:“我一生的大半时日都是照料流落街头的女孩子。现在我年事已高，没有力量再招呼这40多个女童，你何不来接手我的工作，让你忘怀自己的忧伤。”

巴女士真的接过了这份工作。她虽然不能完全忘记自己的痛楚，但因为把他人的难处肩负了过来，她自己的伤痛就大大减轻了。

[书外人语] 在分担他人的重担中来忘记自己的重担，在治疗他人的哀伤中来减轻自己的哀伤，这就是生命的良方。

梦想与现实

| [美]洛伊·塞伯尔德

从前有个男孩子住在山脚下的一幢大房子里。他喜欢动物、跑车与音乐。他爬树、游泳、踢球、喜欢漂亮女孩子。他过着幸福的生活，只是经常要让人搭车。

一天男孩对上帝说:“我想了很久，我知道自己长大后需要什么。”

“你需要什么?”上帝问。

“我要住在一幢前面有门廊的大房子里，门前有两尊圣伯纳德的雕像，并有一个带后门的花园。我要娶一个高挑而美丽的女子为妻，她的性情温和，长着一头黑黑的长发，有一双蓝色的眼睛，会弹吉他，有着清亮的嗓音。

"我要有三个强壮的男孩，我们可以一起踢球。他们长大后，一个当科学家，一个做参议员，而最小的一个将是橄榄球队的四分卫。

"我要成为航海、登山的冒险家，并在途中救助他人。我要有一辆红色的法拉利汽车，而且永远不需要搭送别人。"

"听起来真是个美妙的梦想，"上帝说，"希望你的梦想能够实现。"

后来，有一天踢球时，男孩磕坏了膝盖。从此，他再也不能登山、爬树，更不用说去航海了。因此他学了商业经营管理，而后经营医疗设备。

他娶了一位温柔美丽的女孩，长着黑黑、长长的头发，但她却不高，眼睛也不是蓝色的，而是褐色的。她不会弹吉他，甚至不会唱歌，却做得一手好菜，画得一手好花鸟画。

因为要照顾生意，他住在市中心的高楼大厦里，从那儿可以看到蓝蓝的大海和闪烁的灯光。他的屋门前没有圣伯纳德的雕像，但他却养着一只长毛猫。

他有三个美丽的女儿，坐在轮椅中的小女儿是最可爱的一个。三个女儿都非常爱她们的父亲。她们虽不能陪父亲踢球，但有时他们会一起去公园玩飞盘，而小女儿就坐在旁边的树下弹吉它，唱着动听而久萦于心的歌曲。

他过着富足、舒适的生活，但他却没有红色法拉利。有时他还要取送货物——甚至有些货物并不是他的。

一天早上醒来，他记起了多年前自己的梦想。"我很难过"，他对周围的人不停地诉说，抱怨他的梦想没能实现。他越说越难过，简直认为现在的这一切都是上帝同他开的玩笑。妻子、朋友们的劝说他一句也听不进去。

最后他终于悲伤得病倒住进了医院。一天夜里所有人都回了家，病房中只留下护士。他对上帝说:"还记得我是个小男孩时，对你讲述过我的梦想吗?"

"那是个可爱的梦想。"上帝说。

"你为什么不让我实现我的梦想?"他问。

"你已经实现了。"上帝说，"只是我想让你惊喜一下，给了一些你没有想到的东西。"

"我想你该注意到我给你的东西：一位温柔美丽的妻子，一份好工作，一处舒适的住所，三个可爱的女儿——这是个最佳的组合。"

"是的，"他打断了上帝的话,"但我以为你会把我真正希望得到的东西给我。"

"我也以为你会把我真正希望得到的东西给我。"上帝说。

"你希望得到什么?"他问。他从没想到上帝也会希望得到东西。

"我希望你能因为我给你的东西而快乐。"上帝说。

他在黑暗中静想了一夜。他决定要有一个新的梦想，他要让自己的梦想的东西恰恰就是他已拥有的东西。

后来他康复出院，幸福地住在47层的公寓中，欣赏着孩子们的悦耳的声音、妻子深褐色的眼睛以及精美花鸟画。晚上他注视着大海，心满意足地看着明明灭灭的万家灯火。

[书外人语] 梦想与现实之间永远会有距离和差异，这也许同你的努力程度没有关系，而只是一种偶然的不确定性。聪明者会把这些看做是上帝的另一种恩赐，怀着感恩的心情去享受现实，而愚蠢的人则会把手中的快乐随意丢弃。

财　富

一位年轻人成天闷闷不乐，抱怨自己的贫困。一天，他去找一位算卦先生，问自己何时才能拥有财富。

先生慢悠悠地说:“小伙子，你现在就有很多财富啊!”

“在哪里?”年轻人急切地问

“在你身上。你的眼睛是财富，你用它看见世界，你用它看见世界上美好的东西，并可以读书学习；你的双手是财富，你可以用它劳动工作，还可以拥抱心爱的人；你的双腿是财富，你可以健步如飞，去任何你想去的地方；还有大脑，心灵……”

“这也是财富?这些人人都有啊!”

“这是财富，小伙子。你拥有的这些并不是人人都能够幸运地拥有，比如说你愿意把眼睛给我吗?我可以给你很多钱。还有，虽然许多人都有这些财富，他们却并没有意识到。他们的心里不但没有对上苍的感激之情，还在不停地抱怨上苍对他的不公。当你不幸失去它们中的任何一个时，你才能体会到它们的可贵呀。”

［书外人语］我们经常为丢了双鞋而懊恼，走到街上却发现有人少了双腿。金钱也许只是财富中最不重要的一种呢，我们可以利用现有的财富去挣钱，但绝不可忽视它们或用它们去换钱。

完美的人

从前，有一个男人，立誓要寻找一个完美的女人为妻，为此他开始了一生的寻找。

岁月匆匆而逝，当他回到家时，已是年逾古稀的老者，可仍是孤身一人。

儿时的伙伴早已儿孙满堂，有人就问他:“这么多年，你走了这么多地方，就没有找到一个完美的女人吗?”

“我曾经碰到过一个，只有一个! 她的面貌、身材、学识、人品、家庭等等都没得说，绝对是个完美的女人。”

“那你为什么不娶她为妻呢?”

“没办法呀，她也要找一个完美的男人!”

[书外人语] 每个人都是有特点的人，而不是没缺点的人。婚姻大事虽不是儿戏，却也无法追求完美。其实，世界上的很多事情也是同样的道理。

苦　糖

|莲 子

几年前，我与同乡麦天枢先生在天安门广场溜达，共同怀念起故乡，他说了件自己少年时的事，让我至今不忘。

父亲病了，亲戚拿二斤白糖来探望。父亲说这么好的东西过端午再吃，母亲就把糖装进一个黑罐子，用一根粗麻绳拴着挂在屋梁上。辍学在家的天枢，便从此有了些寄托。

一日，家里大人不在，天枢把弟妹哄出去玩，自己留在屋里。血热了起来，那罐里的东西有一种令人陶醉的滋味，叫做“甜”。要是那白色晶体爬在舌尖上，咕噜一转，那神奇的滋味就会在整个口腔里激荡开来，化成温柔的流体。

狂喜之后，他在凳子上垫了三块砖，爬了上去。当他的指尖触摸到那神物之时，他的心缩了一下，只拈了一小撮，舔了。

他扔了砖头，把凳子搬走，发誓不再吃了。可是那凳子和砖头又来了，这下他抓了一满把，满满塞了一嘴。在嚼咽的时候，他目光怔怔地盯着某处，甜出了泪水。

一个多月后，他的小手蘸完了最后一粒糖。端午了，罐子从屋梁上下来了，他等着挨顿饱打。母亲只是抱着空罐子哭着，一句责怪的话都没有。

母亲的哭声震得他无处藏身。他发誓要让母亲天天有白糖吃。后来他成了牧羊人，当了兵，上了大学，成了记者，又是个深邃的学者。你要正碰上他回故乡，问他：你包里提的啥?他一定会腼腆地笑笑：啊，没啥，是些白糖。

而他自己，从那以后，很少再吃白糖。

[书外人语] 其实，只有那些苦涩的记忆与伤痛才更能催人向上。苦与甜在一定条件下是可以相互转换的。

哑幸福

毕淑敏

初逢一女子，憔悴如故纸。她无穷尽地向我抱怨着生活的不公，刚开始我还有点不以为然，但很快就沉入她洪水般的哀伤之中了。你不得不承认，有些人就是特别的倒霉，女人尤多。灾难好似一群鲨鱼，闻到人伤口的血腥之后，就成群结队而来，肆意啄食他的血肉，直到将那人的灵魂嘬成一架白骨。

“从刚开始，我就知道自己这辈子不会有好运气的。”她说。

“你如何得知的呢?”我问。

“我小时候，一个道士说过——这个小姑娘面相不好，一辈子没好运的。我牢牢地记住了这句话。当我找对象的时候，一个很出色的小伙子爱上了我。我想，我会有这么好的运气吗?没有的。就匆匆忙忙地嫁了一个酒鬼，他长得很丑，我以为，一个长相丑陋的人，应该多一些爱心，该对我好。但霉运从此开始。”

我说:“你为什么不相信自己会有好运气呢?”她固执地说:“那个道士说过的……”

我说:“或许，不是厄运在追逐着你，是你在制造着它。当幸福向你伸出双手的时候，你把自己的手掌藏在背后了，你不敢和幸福击掌。但是，厄运向你一眨眼，你就迫不及待地迎了上去。看来，不是道士预言了你，而是你的不自信引发了灾难。”

她看着自己的手，摩挲着它，迟疑地说:“我曾经有过幸福的机会吗?”我无言。有些人残酷地拒绝了幸福，还忿忿地抱怨着，认为祥云从未卷过他的天空。

幸福很矜持，遭逢的时候，它不会夸张地和我们提前打招呼，离开的时候，也不会为自己说明和申辩。幸福是个哑巴。

[书外人语] 头上总顶着一块乌云，你怎么可能看见太阳?别说道士的预言了，就是基因图谱，也仅能说明你的物质细胞的状况，而无法说明你的精神和心理。幸福与不幸，都是自找的，不是别人给你决定的。

一枚别针

[美]美娜德

那年我父亲失业了，买不起肉，全家靠吃鱼市上卖剩的鱼杂碎生活。一天我在商店的橱窗看到一枚带红色塑料花的小别针，顿时让我如痴如醉，发疯般地回家央求妈妈给我一毛钱。

妈妈叹口气:“一毛钱能买一磅鱼杂碎呢。”

父亲说:“给他吧，一毛钱就能为孩子买到欢乐，这机会恐怕今后是不会碰上的了。”

鱼杂碎的滋味我早忘了，但得到别针的欢乐我至今记忆犹新。

钱在生活中并不是决定一切的。用你辛勤劳动挣来的一点钱，送孩子去野营，或给自己买一件心爱之物，尽管有时与你的低收入不那么相称，但大大提高了生活的情趣和意义。

[书外人语] 快乐永远不会是奢侈品。

最好的礼物

[美] 艾尔伯·豪斯

喜剧演员戴维·布瑞纳出身于一个贫穷但很和睦的家庭。在中学毕业时，他得到了一份难忘的礼物。

“我的很多同学得到了新装，有些富家子弟甚至得到了新的轿车。”他回忆说，“当我跑回家，问父亲我可以得到什么礼物时，父亲的手伸进上衣口袋，取出一样东西，轻轻地放到我手上——一枚硬币！

“父亲对我说：‘用这枚硬币买一张报纸，一字不漏地读一遍，然后翻到分类广告栏，自己找一个工作。到这个世界去闯一闯，它现在已经属于你了。’

“我一直以为这是父亲同我开的一个天大的玩笑。几年后，我去部队服役，当我坐在散兵坑道认真回首我的家庭和我的生活时，我才认识到父亲给了我一种什么样的礼物。我的那些朋友得到的只不过是轿车或者新装，但是父亲给予我的却是整个世界。这是我得到的最好的礼物。”

[书外人语] 我们送给孩子的礼物应该是有助他开启世界之门的钥匙，而不是笼子中的食物。

人　　缘

|王鼎钧

我跟某公司董事长做了多年邻居。当他的公司财源茂盛的时候，他的汽车辗扁了别家的小鸡，他的狼犬自己散步，对着邻家的小孩露出可怕的白牙，他修房子把建材堆在邻家门口。坦白地说，他在邻居中间没什么人缘。

后来，他的公司因周转不灵而歇业，我们经常在巷道中相遇，我步行，他也步行。他的脸上有了笑容，他的下巴收起来了，他家的狼犬栓上链子，他也经常摸一摸邻家孩子的头顶。可是，坦白地说，他仍然没有什么人缘。

一天，偶然跟他闲谈，谈到人间恩怨，我随口说："人在失意的时候得罪了人，可以在得意的时候弥补；在得意的时候得罪了人，却不能在失意的时候弥补。"言者无心，听者有意，他若有所悟。

他暂时停止改善公共关系，专心改善公司的业务。终于，公司又"生意兴隆通四海"，他又有汽车可坐，不过他的座车从此不再按喇叭叫门，并且在雨天减速慢行，小心防止车轮把积水溅到人身上。他的下巴仍然收起来，仍然有时伸手摸一摸邻家孩子的头顶。

后来，他搬家了，全体邻居依依不舍送到公路边上，用非常真诚的声音对他喊："再见!"

［书外人语］好人缘不是在你感觉需要的时候就可以轻易得到的，它建立在真诚的人性上而不是功利基础上。

一生干好一件事

|杨建华

看到一则新闻，心里很是感动。

法国马赛有一名叫多梅尔的警官，为了缉捕一名强奸杀害女童埃梅的罪犯，查了十几米高的文件和档案，足迹踏遍了四大洲，打了30多万次电话，行程80多万公里。几十年来，由于他把全部心思都放在了追捕凶犯上，结果两任妻子都离他而去。他仍矢志不渝，经过52年漫长的追捕，终于将罪犯捉拿归案。当他用手铐铐住凶手时，已经是73岁。他兴奋地说:“小埃梅可以瞑目了，我也可以退休了。”有记者问他，这样做值吗?他回答:“一个人一生只要干好一件事，这辈子就没有白过。”

“一生干好一件事”，这个标准似乎并不高，但要真正干好一件有意义有价值的事，也不是那么简单。当年莱特兄弟为了让飞机飞上蓝天，一辈子忙得连结婚都没时间。为此，他们却幽默地说：我们没时间既照顾飞机，又照顾妻子，只能干好一件事。

[书外人语] 认真干好应该做的每一件事，这是对自己生命的一种交代。

让　　路

|吴志强

绅士过独木桥，刚走几步便遇到一个孕妇。绅士很礼貌地转过身回到桥头，让孕妇过了桥。孕妇一过桥，绅士又走上桥。走到桥中央又遇到一位挑柴的樵夫，绅士二话没说，回到桥头让樵夫过了桥。第三次绅

士不敢贸然上桥，而是等独木桥上的人走完才匆忙上了桥。眼看就到桥头了。迎面赶来一位推独轮车的农夫。

绅士这次不愿回头了，摘下帽子，向农夫致敬："农夫先生，你看，我就要到桥头了，能不能让我先过去。"

农夫不干，把眼一瞪，说："你没看见我推车赶集吗？"

话不投机，两人争吵起来。这时，河面上浮来一叶小舟，舟上坐着一个僧人。两人不约而同请僧人为他们评理。

僧人双手合十，看了看农夫，问他："你真的很急吗？"农夫答道："我真的很急，晚了便赶不上集了。"僧人说："你既然急着赶集，为什么不尽快给绅士让路呢？你只要退那么几步，绅士便过去了，绅士一过，你不就可以早早过桥了吗？"

农夫一言不发。僧人便笑着问绅士："你为什么要农夫给你让路呢，就是因为你快到桥头了吗？"

绅士争辩道："在此之前我已给许多人让了路，如果继续让农夫的话，我便过不了桥了。"

"那你现在是不是就过去了呢？"僧人反问道："你既然已经给那么多人让了路，再让农夫一次，即使过不了桥，起码保持了你的风度，何乐而不为呢？"

绅士的脸涨得通红。

人生旅途中，我们是不是有过类似的遭遇呢？其实，给别人让路，也是给自己让路啊！

［书外人语］其实，在工作和生活中，不能一味地让，也不能一味地争，那么何时该争，何时该让，而且争什么，让什么呢？这是值得我们每个人深思的问题。

送　花

生活的真谛并不神秘，幸福的源泉大家也知道，只是常常忘了，于是这才真有点奥妙。

故事是由一个守墓人亲身经历的。一连好几年，这位守墓人每星期都收到一个不相识的妇人的来信，信里附着钞票，要他每周给她儿子的墓地放一束鲜花。

后来有一天，他们照面了。那天，一辆小车开来停在公墓大门口，司机匆匆来到守墓人的小屋，说：“夫人在门口车上，她病得走不动，请你去一下。”

一位上了年纪的妇人坐在车上，表情有几分高贵，但眼神哀伤，毫无光彩。她怀抱着一大束鲜花。

“我就是亚当夫人。”她说，“这几年我每个礼拜给你寄钱……”

“买花。”守墓人答道。

“对，给我儿子。”

“我一次也没忘了放花，夫人。”

“今天我亲自来，”亚当夫人温存地说，“因为医生说我活不了几个礼拜。死了倒好，活着也没意思了。我只是想再看一眼我儿子，亲手来放一些花。”

守墓人眨巴着眼睛，苦笑了一下，决定再讲几句：“我说，夫人，这几年您常寄钱来买花，我总觉得可惜。”

“可惜?”

“鲜花搁在那儿，几天就干了。没人闻，没人看，太可惜了!”

“你真的这么想的?”“是的，夫人，你别见怪。我是想起来自己常去医院孤儿院，那儿的人可爱花了。他们爱看花，爱闻花。那儿都是活人，可这儿墓里哪个活着。”

老夫人没有作声。她只是小坐一会儿，默默地祷告了一阵，没留话便走了。守墓人后悔自己一番话太率直、太欠考虑，这会使她受不了。

可是几个月后，这位老妇人又忽然来访，把守墓人惊得目瞪口呆：她这回是自己开车来的。

“我把花都给那儿的人们了。”她友好地向守墓人微笑着，“你说得对，他们看到花可高兴了，这真叫我快活！我的病好转了，医生不明白是怎么回事，可是我自己明白，我觉得活着还有些用处。”

［书外人语］不错，她发现了我们大家都懂却又常常忘记的道理：活着要对别人有些用处才能快活。

忘掉你的暴牙

陆勇强

有位女孩有一副美丽动听的歌喉，但却长着一口暴牙。有一次，她去参加歌唱比赛。上了台，她只顾掩饰难看的牙齿，让观众和评委感到好笑。她失败了。有位评委却认为她的音乐潜质极佳，便到后台找到她，很认真地告诉她：“你肯定会成功，但必须忘掉你的牙齿。”

在“伯乐”的帮助下，女孩慢慢走出了暴牙的阴影。后来，她在一次全国性大赛中，以极富个性化的表演和歌唱倾倒了观众和评委，脱颖而出。

她就是卡丝•黛莉，美国一位著名的歌唱家。她的暴牙同她的名字一样有名，歌迷们还称她的牙很漂亮。

有一个这样的问题：假如给你一枚硬币你如何用它遮住世界?答案

很简单，把硬币放在眼前。很多时候，我们不正是被一枚硬币遮住了整个视线？

[书外人语] 只要不是去选美，长相就不会阻碍你的事业，但如果外表的某种缺陷成为心理上的缺陷，那就另当别论了。

时运不济的人

时运不济作为人生旅途中的一段灰暗路程，人人都可能遇到，只不过有些人遭遇的时间短一些，有些人遭遇的时间长一些。然而，一辈子都时运不济的人很少。我曾有一位时运不济的邻居，他是一位大学生，按说作为一个获得了高等教育的人不应该时运不济，然而，时运不济的事还是全让他碰上了。

考大学那年，国家正好在大学试行收费制，四年下来，比早考上一年的人整整多花了八千元。四年后，该毕业了，谁知国家在分配上又实行双向选择，最后虽找到了工作，可是仅工作了一年半，又赶上机关大裁员，他又下岗了。

不知是接连不断的时运不济磨硬了脚板，还是一路灰暗的行程擦亮了眼睛，总之，从此他从我们那个单元楼里消失了。直到前不久，见他开了一辆农用卡车回来，才知道他去了滨海的一个农场，这个农场是他父亲过去插队的地方。他在那儿租了一百二十亩地，利用他学的专业专门种植荷兰的一种郁金香，据他父亲说这种产品已在华东几个城市里供不应求。第一年的纯收入超过了三万元。

这个故事告诉我们：面对时运不济每个人都可以有两种选择，一种是怨天尤人，另一种就是活得更起劲，只要审时度势，自强不息，总有一条很宽广的路是单为你准备的。

[书外人语] 在谷底的时候，只要你抬脚走，就会走向高处，这就是否极泰来。可如果你躺下不动了，这就是坟墓。

煮沸的水与冷却的铁

|王 猛

经历了黑色七月，我并没有取得自己梦想中的好成绩，尽管分数上还说得过去，但只能进一所不起眼的大学。

经过半个年头，我终于放了寒假。在家里的时候，父亲向我问起了大学生活，我告诉他说："其实真的很没劲。"

我的父亲是个铁匠。他听了我的话后，脸上一直很惊愕，沉默了半晌之后，转过身用他那粗壮的手操起了一把大铁钳，从火炉中夹起一块被烧得通红通红的铁块，放在铁垫上狠狠地锤了几下，随之丢入了身边的冷水中。

"滋"的一声响。水沸腾了，一缕缕白气向空中飘散。

父亲说："你看，水是冷的，然而铁却是热的。当把热热的铁块丢进水中之后，水和铁就开始了较量——它们都有自己的目的，水想使铁冷却，同时铁也想使水沸腾。现实中，又何尝不是如此呢?生活好比是冷水，你就是热铁，如果你不想自己被水冷却，就得让水沸腾。"听后，我感动不已，朴实的父亲竟说出了这么饱含哲理的话，让我真的感动不已。

第二学期开始了，我反省自己，并且不停地努力，学习终于有了一点起色，内心也开始一天天地丰富充实起来。

如果你不想被平庸无色的生活“冷却”了你的斗志，你就得用生命的激情与辛勤的汗水把这盆冷水煮沸。不是吗?

［书外人语］心由境造，境由心生。心冷了，太阳都不再温暖；心热了，坚冰也会融化。

对　手

美洲虎是一种濒临灭绝的动物，世界上仅存17只，其中有一只生活在秘鲁的国家动物园。

为保护这只虎，秘鲁人从大自然里单独圈出1500英亩的山地修了虎园，让它自由生活。参观过虎园的人都说，这儿真是虎的天堂，里面有山有水，山上花木葱茏，山下溪水潺潺。还有成群结队的牛、羊、兔供老虎享用。奇怪的是，没有人见这只老虎捕捉过猎物（它只吃管理员送来的肉食），也没见它威风凛凛从山上冲下来。它常躺在装有空调的虎房，吃了睡，睡了吃。

一些市民说它太孤独了。说一只没有爱情、没有伴侣的老虎，怎么能有精神呢?于是大家自愿集资，又通过外交渠道，与哥伦比亚和巴拉圭达成协议，定期从他们那儿租雌虎来陪它生活。

然而，这项人道主义之举，并未带来多大改观，那只美洲虎最多陪女友走出虎房，到阳光下站一站，不久又回到它卧的地方。人们不知道它还有什么不满足的地方。

一天，一位来此参观的市民说，它怎么能不懒洋洋?虎是林中之王，你们放一群只吃草的小动物，能提起它的兴趣吗?这么大的虎园，不弄几只狼来，至少也得放几条豺狗吧?虎园领导听他说得有理，就捉了三只豹子投进虎园。

这一招果然灵验，自从三只豹子进了虎园，美洲虎不再睡懒觉，也很少回虎房。它时而站在山顶引颈长啸，时而冲下山来，雄赳赳地满园巡逻。时而冲到豹子面前，放肆地挑衅。没多久，它还让巴拉圭的一只雌虎下了一只小虎崽……

一只没有对手的生物，一定是死气沉沉的生物。一个没有对手的民族必定成为一个不思进取的民族。同样，一个人，一个团体，一个组织如果没有了对手，也可能会走向怠惰和没落。

［书外人语］我们可以没有敌人，但不能没有对手。

画扇窗给自己

|若风尘

那一年，黄永玉大师带着他饱经沧桑的心灵和撼人魂魄的画作来到北京后，住在京新巷“芥末”故居。

这是一间搁置了许多年头的房子，四壁连一扇窗户都没有，一走进去就有种压抑的憋闷感。然而，黄永玉并没有厌弃这间小屋。他笑哈哈地拿出一张洁白的画纸贴在墙上，然后信手在上面画了一扇窗户，画得如同真窗。他顿时便感觉屋外的阳光像流水一样涌入小屋，屋内的一切立刻显得无比生动。

画一扇窗给自己，这是一种怎样豁达超然的人生。如果上帝在关上门的同时，也封闭了窗，那就画一扇窗给自己。它可以让灵魂喘息，让希望栖息，让一切还没来得及实现的梦想在心灵的窗前翩然翻飞。

[书外人语] 只要心中有接纳阳光的窗户，那么黑暗就困不住你。

贫　　穷

[美]戴安娜·诺西亚

一天，富有的父亲带着小儿子去乡下旅行，想让他见识一下穷人是怎么生活的。在农场最穷的人家里他们呆了一天一夜。

旅行结束后，父亲问儿子:“旅行怎么样?”

“好极了!”“这回你知道穷人是怎么过日子的了?”

“是的!”

“有何感想?”

儿子回答:“咱家有一条狗，我发现他们家里却有四条狗；咱家仅有一个水池通向花坛的中央，可他们竟有一条望不到边的小河。我们的花园里只有几盏灯，可他们却有满天的星星；还有，我们的院子只有前院那么一点儿，可他们的院子却有整个农场那么大!”

儿子说完，父亲哑口无言。接着儿子又说道:“感谢父亲让我明白了我们有多么贫穷!”

[书外人语] 金钱并不是区分贫穷和富有的唯一标准。

磨难即是礼物

伊琳·艾根曾在慈爱会中同广为美国人民所敬爱的泰瑞莎修女共处三十余载。在她的一本书中记叙了泰瑞莎修女对待人生的态度——

一次，当我做完弥撒，和泰瑞莎院长谈到人世间诸多的困难挫折时，她对我说："其实，世上的艰难困苦又何尝不是俯拾皆是，但如果我们视其为上天恩赐的礼物，那么人们生活便会减少几许悲观，平添许多快乐……"

不久以后，我和泰瑞莎院长乘飞机去纽约，但飞机起飞前却发现了故障，被迫停飞。

当时，我感到失望和沮丧，但我想起了泰瑞莎院长曾说过的话，便这样对她说道："院长，我们今天得到了一份'小礼物'——我们得待在这儿等四个小时，你不能按计划赶回修道院了。"

泰瑞莎修女听完我的话，微笑着看了看我，然后便安然地坐下来，拿出一本书，静静地读了起来。

从那以后，每当我在生活中遇到磨难与挫折时，便会用这样的话语来表达："今天我们又得到了一份礼物"、"嗯，这可真是个特殊的大礼物"……而这些话竟然有着神奇的效果，往往就在不经意间。困顿难释的心境变得开朗，莫名的烦恼也消失不见，连微笑也会在说话间悄悄爬上人们的脸颊……

[书外人语] 当这种特殊"礼物"不期而至时，你生气烦恼是没有用的，做些力所能及的事去改变不利环境和解决问题才是最重要的，不要让它们破坏你的心情，打乱你的节奏。

简单的赞扬

马克·吐温说过，听到一句得体的称赞，能使他陶醉两个月。此话多么正确！我们获得别人夸奖之后，不是也反复回味、心情兴奋吗？

不过，称赞有别于阿谀。缺乏诚意的称赞虽然悦耳，但却无法契入内心。还有，华丽的词句通常都是多余的。最简单的称赞最能令人感动。

我公司的老板难得说一句称赞我们工作表现良好的话。不过，有一份我自己写的报告，内容是关于如何促进与顾客的联系的，我至今仍然保留着。我写过的报告数以百计，为什么这一份会使我念念不忘呢？因为老板在它上面潦草地批了两个小字：“高见！”

即使轻轻点一下头表示认可，只要把握得适当，也能令对方振奋。洛杉矶加州大学篮球队的名教练翰·伍登吩咐他的队员，每次他们得分之后，都必须向传球给他们的队友微笑、眨眼或点头。有一个队员问道：“要是他没有望过来，那怎么办？”

“我担保他会望过来的。”伍登回答。

[书外人语] 每个人内心都希望自己的努力被别人看见，自己的成绩被人肯定。我们自己渴望得到赞扬，那么也不要忽略赞扬别人。

牢骚太盛防肠断

[美]玛亚·安格鲁

我小时候和奶奶一起住在阿肯色州的斯坦斐。奶奶开着一处小店。每当有牢骚满腹、喋喋不休而出名的顾客来到她老人家的小店时，她总是不管我在做什么都会把我拉到身边，神秘兮兮地说："丫头，来，进来!"当然我都是很听话地进去。

奶奶就会问她的主顾："今天怎么样啊，托马斯老弟?"

那人就会长叹一声："不怎么样。今天不怎么样，赫德森大姐。你看看，这夏天，这大热天，我讨厌它，噢，简直是烦透了。它可把我折腾得够呛。我受不了这热，真要命。"

奶奶抱着胳膊，淡漠地站着，低声地嘟囔："唔，嗯哼，嗯哼。"边向我眨眨眼，确信这些抱怨唠叨都灌到我耳朵里去了。

再有一次，一个牢骚满腹的人抱怨道："犁地这活儿让我烦透了。尘土飞扬真糟心，骡子也犟脾气不听使唤，真是一点也不听喝，要命透了。我再也干不下去了。我的腿脚，还有我的手，酸痛酸痛的，眼睛也迷了，鼻子也呛了，我再也受不了了!"

这时候奶奶还是抱着胳膊，淡淡地站着，咕哝道："唔，嗯哼，嗯哼。"边看着我，点点头。

这些牢骚满腹的家伙一出店门，奶奶就把我叫到跟前，不厌其烦地对我说："丫头，每个夜晚都有一些人——不论是黑人还是白人，富人还是穷鬼——酣然入眠，但却一睡不起。丫头，看那些与世永诀的人，温柔乡中不觉暖和的被窝已成为冰冷的灵柩，羊毛毯已成为裹尸布，他们再也不可能为糟天气或倔骡子去抱怨唠叨上5分钟或10分钟了。记着，丫头，牢骚太盛防肠断。要是你对什么事不满意，那就没法去改变它。如果改变不了，那就换种态度去对待，千万不要抱怨唠叨。"

据说人在一生中接受如此教育的机会不多。而奶奶在我刚到13岁的时候，就抓住每个这样的机会来教育我。牢骚满腹不仅使人颓唐，而且导致危险——它在给猛兽发信号：猎物就在你鼻子底下哩。

［书外人语］改变不了它，那我总可以改变自己吧?生命如此宝贵短暂，何必自己跟自己过不去。

军犬黑子

| 吴若增

那一年，我认识了一位年轻的军犬训导员。我问他：最聪明的狗能达到什么程度？他说：除了不会说话，跟人没有差别。他的回答，令我一惊，随后我说:“你准是搀进了许多感情色彩吧？”“不！”于是他给我讲述了一个他亲身经历的狗的故事：那是他的一条名叫“黑子”的狗，这狗极其聪明可爱。平时跟训导员就像父子一样，有一天，几个训导员想出了一个特殊的办法，决定用来测一测黑子的能力。于是，他们找来了十几个人，让这些人站成一排，然后让其中的一位去营房“偷”了一件东西藏起来，之后再站到队伍中去。这一切完成了，训导员牵来了黑子，让它找出丢失的那东西，黑子很快就用嘴把那东西从隐秘处叼了出来。训导员很高兴，用手拍了拍黑子的脖颈以示嘉奖，之后，他又指了指那些站着的人，让黑子把“小偷”找出来。黑子过去了，嗅嗅这个，嗅嗅那个，没费多少劲就叼住了那个“小偷”的裤腿将他拉出了队伍。

应该说，黑子把这任务完成的极其圆满，但训导员却使劲儿晃了晃脑袋对黑子说：不！不是他！再去找！黑子大为惊讶，眼睛里闪出迷惑的光，因为它确信没有找错人，这，这是怎么回事呢？“不是他！再去找！”训导员又说。黑子相信了训导员，又回去找…….但他经过了再三的辨别和辨认，还是把那人叼了出来。“不！不对！再去找！”训导员再次大声说。黑子愈发迷惑了，只好又走了回去。这次，黑子用了很长的时间去嗅辨。最后，他站在那个“小偷”的腿边转过头来，望着训导员，意思是说——我觉得就是他！“不！不是他！绝对不是！”训导员又吼起来，而且表情也严肃起来了。黑子的自信被击溃了，它相信训导员超过相信自己。他终于放弃了那个“小偷”，转而去找别人。可别人……都不对呀？“就在他们那里头！马上给我找出来！”训导员大声地吼了起来。黑子沮丧极了，他在每一个人的脚边都停了那么一会儿，看看这个人像不像“小偷”，又扭过头去看看训导员的眼色试图从中找到什么迹象或提示，最后，当它捕捉到了训导员的眼色在一刹那间的微小变化时，它把停在身边的那个人叼了出来。当然，这是错的。但训导员以及那些人们却哈哈大笑了起来，这一声声的大笑把黑子笑糊涂了。之后，训导员把“小偷”叫出来，告诉黑子：你本来找对了，可你错就错在没有坚持…… 刹那间，令训导员和全体在场人们惊讶的事发生了，他们看到当黑子明白了这是一场骗局之后，它极度痛苦地大叫了一声，大滴眼泪流了出来，然后冲出了人群……“黑子！黑子！你上哪儿？”年轻的训导员知道事情严重了便追上去问。黑子不理它，自顾自往营房外跑。“黑子！黑子！我对不起你！”训导员吓得哭了。但黑子无动于衷，看也不看他一眼。“黑子！黑子！别生气！我们这是跟你闹着玩儿呢！”训导员扑上去，紧紧地搂住了黑子，在黑子面前热泪滂沱。可黑子挣脱了训导员的搂抱，跑到了营外的一座土岗下，找了个背风的地方趴了一整天。此后好几天，黑子不吃不喝，精神委顿，任年轻的训导员怎么哄，他始终不肯原谅他。人们这才发现——哪怕是只狗，也是要尊严的！或者反过来说——它们比人更要尊严！

后来呢，后来是黑子不再信赖它的训导员，甚至不再信赖所有的训导员。同时，它的性情也起了极大的变化，不再目光如电，不再奔如疾风，甚至不再虎视眈眈、威风凛凛……训导员没有办法，只好忍痛安排它退役了，送走黑子的那一天，几乎所有的训导员都哭了，黑子呀！我们对不起你呀！故事说到这儿，我看到年轻的训导员脸上噙满了悔恨的泪水。

［书外人语］不要轻易践踏别人或甚动物的尊严，一旦破碎的尊严，很难再弥补回来。

第九辑

上帝的笑

狮子的错误

弗吉尼亚州的W·C·里夫斯建议林肯放弃萨姆特和皮肯斯城堡，以及在南方各州的其他联邦产权。林肯说：

“你记得狮子和樵夫的女儿这个寓言吗?”

“那倒没听说过。”里夫斯大惑不解。

于是，林肯便给他讲了这个故事：

一只狮子深深爱上了一个樵夫的女儿。姑娘的父亲说:“你的牙齿长了。”

狮子就去找牙医把牙齿拔了。它回来后又找樵夫提亲，樵夫说:“还不行，你的爪子太长了。”

狮子又去找医生，把爪子也拔了，然后回来要姑娘嫁给它。樵夫看到狮子已经解除了武装，就把它的脑袋打开了花。

林肯最后说:“如果别人让我怎样我就怎样，那我会不会也是这个下场呢?”

［书外人语］再尖锐的牙齿，再锋利的爪子，也比不上一个会思考的脑袋。

关于生活的三条忠告

一次，一个猎人捕获了一只能说70种语言的鸟。

“放了我，”这只鸟说，“我将给你三条忠告。”

“先告诉我，”猎人回答道，“我发誓我会放了你。”

“第一条忠告是，”鸟说道，“做事后不要懊悔。”

“第二条忠告是：如果有人告诉你一件事，你自己认为是不可能的就别相信。”

“第三条忠告是：当你爬不上去时，别费力去爬。”

然后鸟对猎人说：“该放我走了吧。”猎人依言将鸟放了。

这只鸟飞起后落在一棵大树上，并向猎人大声喊道：“你真愚蠢。你放了我，但你并不知道在我的嘴中有一颗价值连城的大珍珠。正是这颗珍珠使我这样聪明。”

这个猎人很想再捕获这只放飞的鸟。他跑到树跟前并开始爬树。但是当他爬到一半的时候，他掉了下来并摔断了双腿。

鸟嘲笑他并向他喊道：“笨蛋！我刚才告诉你的忠告你全忘记了。我告诉你一旦做了一件事情就别后悔，而你却后悔放了我。我告诉你如果有人对你讲你认为是不可能的事，就别相信，而你却相信像我这样一只小鸟的嘴中会有一颗很大的珍珠。我告诉你如果你爬不上去，就别强迫自己去爬，而你却追赶我并试图爬上这棵大树，结果掉下去摔断了双腿。

“这句箴言说的就是你：‘对聪明人来说，一次教训比蠢人受一百次鞭挞还深刻。’”

说完，鸟就飞走了。

[书外人语] 按说，鸟不可能比人聪明，来捉弄人，可一旦人因贪婪犯起傻来，什么蠢事也会干出来。

鸡为什么飞不高

|海代泉

小鸡看见一只苍鹰在高高的蓝天上飞过，十分羡慕，于是他向母鸡问道:“妈妈，我们也有一对大翅膀，为什么不能像鹰那样高飞呢?”

“真是个小傻瓜，”母鸡回答说，“飞得高有什么用处，蓝天上没有谷粒，也不会有虫子啊!”

[书外人语] 每个人都有自己的生存技能及与之相适应的环境，我们应不断追求更高的目标，但不要脱离实际，要知道有些事别人做起来好像很风光，却可能不适合自己。

老鼠和狗

一群老鼠爬上桌子准备偷肉吃，却惊动了睡在桌边的狗。老鼠们同狗商量，说:“你要是不声张，我们可以弄几块肉给你，咱们共享美味。”

狗严词拒绝了老鼠们的建议:“你们都给我滚，要是主人发现肉少了，一定怀疑是我偷吃的，到那时我就会成为案板上的肉了。”

[书外人语] 很多监守自盗的人还不及这只狗聪明。比如说，国有资产流失了，具体负责人能脱得了干系吗?可许多人就想不明白这一点，贪图眼前的两块肉，而最终使自己受到惩罚。

耕　牛

小牛见母牛在农民的鞭下汗流浃背地耕田，感到很难过，就问：“妈妈，既然世界这么大，为什么我们一定要在这里受苦，受人折磨呢?”

母牛一边挥汗如雨，一边无可奈何地回答说:“孩子，没办法呀，自从咱们吃了人家的东西，就身不由己了，祖祖辈辈都这样啊!”

[书外人语] 世界虽大，但对于被奴役惯了的牛来说却没用，它们只能靠卖命耕田负重来换取一点饲料的方式来生存，它们习惯这个样子，也早就失去了自我生存的本领。

上帝的笑

| 剑 朋

上帝造完人类以及万物以后，让他们在地球上按各自的方式去生活，上帝只是用慈祥及欣慰的目光注视着一切。

忽一天，人跑来寻找上帝。

“你有什么事啊! 我的孩子。”看着满脸委屈的人，上帝问道。

“这太不公平了!”人叫喊着回答,“您看，我跑不过马、兔子他们，也没有大象、牛的力气大，不能像鸟儿在天上飞，不能像鱼儿在水里游，上树摘果子不如猴子，捕食又没有老虎的爪子和牙齿……，您说我该怎么办啊?”

“你的大脑比他们的都好，你可以思考啊!”上帝说道。

“可他们说，我一思考，您就会发笑。思考是没有用的。再说，好多问题我也想不明白。”

上帝笑了，他对人说：

“我的孩子，我知道有些问题你可能会想不明白，可是你的优势就是智慧的大脑啊！你的大脑有1350毫升，你足以用它去弥补各种不足。我保证，只要你凡事动脑思考，你会活得比他们都好，他们都将会为你所用，你将成为万物之灵。你要是不思考，也就无法生存了。孩子，你的大脑才是世上最宝贵的财富，你要好好利用啊！”

［书外人语］人类一思考，上帝就发笑，可要是人类不思考，上帝就该哭了：你将如何生存呢？孩子！

动物学校

［美］乔治·瑞夫斯

有一天，动物决定它们必须做件伟大的事，以便迎接所谓“新世界”衍生的问题，所以它们创建了一所学校。

学校内教授的活动课程包括跑步、爬行、游泳及飞行。为了方便管理，所有的动物都参加了每一项课程。

鸭子在游泳项目上的表现非常杰出，甚至比老师还优秀，但在飞行方面，它的成绩只是刚好及格而已，而跑步的成绩更是惨不忍睹。因为它跑得太慢，所以放学后它必须放弃游泳，留下来练习跑步，它持续地练习，直到它那有蹼的脚都磨破了，仍然只有游泳一项及格。但是及格标准只适用于学校，所以除了要上学的鸭子外，没有人在乎这件事。

开始时，兔子跑步的成绩在班上名列前茅，但不久后，它便因为游泳前繁琐的化妆工作感到神经衰弱。

小松鼠本来在爬行课程上表现优异，直到有次上飞行课时，老师要求它从地面起飞取代从树梢滑落，却造成它心理上极大的挫败感。后来它因运动过度导致肢体痉挛，使它在爬行及跑步课程，只得了70分，刚好及格。

老鹰是一个问题儿童，也因此被严厉地惩罚。以爬行课程作例子，它不但打败其他同学先到树顶，同时也坚持用自己的方式。

一学年结束后，一只在游泳、跑步、爬行方面表现极佳，而且稍微具有飞行能力的奇特鳗鱼，平均分数最高，成为毕业代表。

土拨鼠拒绝入学，同时也反对纳税，因为学校未将挖掘列入课程。它们将自己的小孩送到獾的地方学习，后来土拨鼠及地鼠也纷纷加入，成立了一个成功的私立学校。

这个寓言故事是否给了我们一个启示呢?

[书外人语] 不要以为把孩子送入学校就万事大吉，某种程度上而言，学校是一条标准化生产线，很多工作还须家长自己根据孩子的特点来做。

虚度的时光

〔意大利〕布扎蒂

埃斯特·卡西拉买了一幢豪华的别墅。此后，他每天下班回来，总看见有个人从他的花园里扛走一只箱子，装上卡车拉去。

他还来不及叫喊，那人就走了。这一天他决定开车去追。那辆卡车走得很慢，最后停在城郊的峡谷旁。

卡西拉下山后，发现陌生人把箱子卸下来扔进了山谷。山谷里已经堆满了箱子，规格式样都差不多。

他走过去问："刚才我看见您从我家扛走一只箱子，箱子里装的是什么?这一堆箱子又是干什么用的?"

那人打量了他一眼，微微一笑说："您家还有许多箱子要运走，您不知道?这些箱子都是您虚度的日子。"

"什么日子?"

"您虚度的日子。"

"我虚度的日子?"

"对。您白白浪费掉的时光、虚度的年华。您曾盼望美好的时光，但美好时光到来后，您又干了些什么呢?您过来瞧瞧，它们个个完美无缺，根本没有用过，不过现在……"

卡西拉走过来，顺手打开了一个箱子。

箱子里有一条暮秋时节的道路。他的未婚妻格拉兹正在慢慢走着。

他打开第二个箱子，里面是一间病房。他弟弟约翰躺在病床上在等他归去。

他打开第三只箱子，原来是他那所老房子。他那条忠实的狗杜克卧在栅栏门口等他。它等了他两年，已经骨瘦如柴。

卡西拉感到心口被什么东西夹了一下，绞疼起来。陌生人像审判官一样，一动不动地站在一旁。

卡西拉说："先生，请您让我取回这三只箱子，我求求您。起码还给我三天吧。我有钱，您要多少都行。"

陌生人做了个根本不可能的手势，意思是说，太迟了，已经无法挽回。说罢，那人和箱子一起消失了。

夜幕悄悄降临，把大地笼罩在黑暗之中。

[书外人语] 付出什么，追求什么，人生的"成本核算"不算复杂，但也不简单，更可惜的是目前为止尚无此类的专门课程，大家只好自学成才了。

美 与 恶

|张玉庭

古希腊神话中有这样一个故事。

宙斯之子赫拉克勒斯小时候，曾碰到过两位女神，一个叫美德女神，一个叫恶德女神。

恶德女神对他说:“孩子，跟我走吧！包你有享不完的荣华富贵！你要什么，我一定满足你什么!”

美德女神对他说:“孩子，跟我走吧！我将教会你如何勇往直前！而你也必将在战胜艰险的过程中变得坚强无比!”

赫拉克勒斯想了想，毅然跟定了美德女神。这以后，他果然出生入死，在战胜无数毒蛇猛兽的过程中变得刚强无比，为人类屡建奇功，成了希腊神话中首屈一指的最了不起的英雄！而且，正是因为这个，他才娶了青春女神——成了青春女神的丈夫!

真佩服古希腊人的深刻和深刻的古希腊人，原来,“要什么就有什么”非但不是什么幸福，而且恰恰是一种恶！反之，只有自觉地挑战磨难，才是人生最理智的选择！才能真正体现出青春的壮丽!

[书外人语] 古希腊人深刻，古代中国人也同样深刻，我们的老祖先也有诸多类似的论述，如“生于忧患，死于安乐”等。说法虽不同，意思差不多：要什么有什么的安乐生活可以让人获得感官上的舒适，却不会让你在能力、才华、品德等生命力方面有任何收获。

羊之狼性

孙滨在8月22日《中国海洋报》上撰文说，有记者西北采访归来，描绘那里可怕的一幕。

长年缺水，草场退化。羊儿们一旦找到绿色，即群起而围之，瞬间，草没了。群羊争着用蹄、用角拼命向土里挖草根。那态势，并无温驯之本色，倒颇具狼性。天酷热，偏又大旱，可羊儿们都死命围靠一团，且越挤越紧，牧人奋力驱散羊群，但见其中一分娩母羊倒在血泊中——羊群饥渴，吸干了小羊羔的血，又饮母羊的。牧人大惊，他分明是在放养一群狼!

维持人与自然的相对平衡，是千百年来“生物多样性”的最原始法则，顺应这一法则，现称之为“可持续发展”。在这个意义上说，你改变了自然，自然必注定改变你。真不希望羊之狼性在其他领域中再现。

［书外人语］地球上没有了绿色，必将增加红色：鲜血。

农夫和商人

|齐 云

法国人从莫斯科撤走后，农夫和商人在街上寻找财物。他们发现了一大堆未被烧焦的羊毛，两个人就各分了一半捆在自己的背上。

归途中，他们又发现了一些布匹，农夫将身上沉重的羊毛扔掉，选些自己扛得动的较好的布匹，贪婪的商人将农夫所丢下的羊毛和剩余的布匹统统捡起来，重负让他气喘吁吁、缓慢前行。

走了不远，他们又发现了一些银质的餐具，农夫将布匹扔掉，捡了些较好的银器背上，商人却因沉重的羊毛和布匹压得他无法弯腰而作罢。

突降大雨，饥寒交迫的商人身上的羊毛和布匹被雨水淋湿了，他踉跄着摔倒在泥泞当中；而农夫却一身轻松地迎着凉爽的雨回家了，他变卖了银餐具，生活富足起来。

[书外人语] 大千世界，万种诱惑，什么都想要，会累死你，该放就放，集中精力抓住最重要的。

蜜蜂和天神

|伊 索

一只蜂房里的蜂后从海米德斯山飞上夏林比斯山，把刚从蜂房里取出来的蜜献给天神。天神对蜂后的奉献很高兴，就答应给它所要求的任何东西。

蜂后于是请求天神说:“请你给我一根刺，如果有人要取我的蜜，我便可以刺他。”天神很不高兴，因为他很爱人类，但因为已经答应，不便拒绝它的请求，于是天神回答蜂后说:“你可以得到刺，但那刺留在对方的创口里，你将因为失去刺而死亡。”

[书外人语] 每个人都有保护自己利益的权利，但如若用有毒的“刺”去伤害别人，那么自己也会有报应。

仇恨袋

马国福

这是大学毕业临走时前来为我们送行的老师给我们讲的一则寓言故事。

古希腊神话中有一位大英雄叫海格里斯。一天他走在坎坷不平的山路上，发现脚边有个袋子似的东西很碍脚，海格里斯踩了那东西一脚，谁知那东西不但没被踩破，反而膨胀起来，加倍地扩大着。海格里斯恼羞成怒，操起一条碗口粗的木棒砸它，那东西竟然长大到把路堵死了。

正在这时，山中走出一位圣人，对海格里斯说:“朋友，快别动它，忘了它，离开它远去吧! 它叫仇恨袋，你不犯它，它便小如当初，你侵犯它，它就会膨胀起来，挡住你的路，与你敌对到底!”

讲完后教师语重心长地说:“你们即将走上社会，难免与别人产生摩擦误会甚至仇恨，但别忘了在自己的仇恨袋里装满宽容，那样你们就会少一分阻碍，多一分成功的机遇。否则，你们将会永远被挡在通往成功的道路上，直至被打倒。”

[书外人语] 仇恨与敌意如同一面不断增长的墙，宽容与善良则恰似不断拓宽的路。你在心底种下什么样的种子，就会有什么样的收获。

藏羚羊跪拜

|王宗仁

这是一个听来的西藏故事，年代距今有好些年了。那时候，枪杀、乱逮野生动物是不受法律惩罚的。当时，经常跑藏北的人总能看见一个肩披长发，留着浓密大胡子，脚蹬长统藏靴的老猎人在青藏公路附近活动。他无名无姓，云游四方。

促使他放下手中的杈子枪是发生了这样一件事——那天大清早，他从帐篷里出来，突然瞅见两步之遥对面的草坡上站立着一只肥肥壮壮的藏羚羊。沉睡了一夜的他浑身立即涌上来一股清爽的劲头，转身回到帐篷拿来了杈子枪。他举枪瞄了起来，奇怪的是，那只肥壮的藏羚羊并没有逃走，只是用企求的眼神望着他，然后冲着他前行两步，两条前腿扑通一声跪了下来。与此同时只见两行长泪从它眼里流了出来。

老猎人的心头一软，扣扳机的手不由得松了一下。藏区流行着一句老幼皆知的俗语："天上飞的鸟，地上跑的鼠，都是通人性的。"此时藏羚羊给他下跪自然是求他饶命了。他是个猎手，不被藏羚羊的可怜打动是情理之中的事。他双眼一闭，扳机在手指下一动，枪声响起，那只藏羚羊便栽倒在地。它倒地后仍是跪卧的姿势，眼里的两行泪迹也清晰可见。

那天，老猎人没有像往日那样当即将猎获的藏羚羊开宰、扒皮。他的眼前老是浮现着给他跪拜的那只藏羚羊。他有些蹊蹊，藏羚羊为什么要下跪?这是他几十年狩猎生涯中唯一见到的一次情景。夜里他久久难以入眠，双手一直颤抖着……

次日，老猎人怀着忐忑不安的心情对那只藏羚羊开膛扒皮，腹腔在刀刃下打开了，他吃惊得叫出了声，手中的屠刀"咣当"一声掉在地上……原来在藏羚羊的子宫里，静静卧着一只小藏羚羊，它已经成型，自然是死了。原来藏羚羊是在求猎人留下自己孩子的一条命呀!

天下所有慈母的跪拜，包括动物在内，都是神圣的。

老猎人的开膛破腹半途而停。

从此，这个老猎人在藏北草原上消失。没人知道他的下落。

[书外人语] 地球是所有物种的共同家园，当人类为了自己的利益对其他物种举起屠刀时，最终也会把自己送入地狱。

狮子和农场主

|伊 索

狮子偶然闯进了农场，农场主想捉住它，于是关上了农场大门，将狮子困在里面。无路可逃的狮子咬死了许多羊，又扑向牛群一阵乱咬。农场主开始害怕，他担心狮子再来咬他自己，于是打开门放走了狮子。

望着满地被狮子咬死的牛羊，农场主痛心不已，十分心疼自己的损失。他的妻子对他说:“这都是你自找的，平时听见狮子吼你都会吓得发抖，这回却要把狮子关在自己的农场里，以你的胆子，这么做可能成功吗?”

[书外人语] 农场主没有胆子、没有力量，却还妄想捉住狮子，结果没有成功，反而付出惨痛的代价，这个不自量力的教训应当吸取。

人和半人半羊的神

|伊 索

在一个寒冷的冬天，一个人和一个半人半羊的神相遇，便坐下一起聊天。谈话时人总是把手送到嘴边呵气，这个神奇怪地问他原因，他解释道:“我的手快要冻僵了，呵热气能让它们暖和起来。”

后来的某一天，他们在一起吃东西，由于食物很烫，人就拿起碟子在嘴边吹着，神更奇怪了，问他原因，人回答说:“吹气能让食物凉下来。”神听了生气地说：“你这个人不诚实，怎能做朋友，同是一口气怎能既使东西冷，又使东西热。”

[书外人语] 不同的时空，同样的动作也会有不同的结果。切不可像这位“神”一样，不假思索便妄下结论。

忙

|艾 琳

有个伐木工人在一家木材厂找到了工作，报酬不错，工作条件也好，他很珍惜，下决心要好好干。

第一天，老板给他一把利斧，并给他划定了伐木范围。这一天，工人砍了18棵树。老板说:“不错，就这么干!”工人很受鼓舞，第二天，他干得更加起劲，但是他只砍了15棵树；第三天，他加倍努力，可是只砍了10棵。

工人觉得很惭愧，跑到老板那儿道歉，说自己也不知道怎么了，好像力气越来越小了。

老板问他:“你上一次磨斧子是什么时候?”

“磨斧子?”工人诧异地说,“我天天忙着砍树，哪里有工夫磨斧子!”

[书外人语] 俗语说：磨刀不误砍柴工。当觉得工作吃力的时候，就是该充电、磨刀的时候了。

笑谈企业兴衰

|晓 晓

西方人是这样笑谈企业的兴衰的：

企业就像一棵树，树上攀满了猴子——每层的枝丫上都有，还有的正往上爬。上面的猴子往下看，看到的都是笑脸；下面的猴子住上看，满眼都是屁股。

如有果子，总是顶层的猴子先吃。一般情况下，它们吃完了总是要拉，下面的猴子得到的总是上面猴子的屎。

对于往上爬的猴子，为了挤上来，它们的脸先得贴过很多猴子的屁股。能爬多高，取决于它们贴屁股的技巧有多好。最顶层的猴子不用贴其他猴子的屁股，可是，将来哪一天，欲取代者会踢它的屁股，将它弄下台。

在陷入困境的时候，上层的猴子就会折断几条树枝，打下面的猴子。猴子们纷纷往下一层掉，你压我挤，混乱中终于有猴子从树上掉下去。这些不幸者获得的赔偿，就是从飘摇的树上掉下来的果子!

于是，树的负担轻了，生活又慢慢恢复了正常。

[书外人语] 可以爬这棵树，也可以再另种一棵树。

报　复

|〔印度〕泰戈尔

一位画家在集市上卖画，不远处，前呼后拥地走来一位大臣的孩子，这位大臣在年轻时曾经把画家的父亲欺诈得心碎地死去。

这孩子在画家的作品前面流连忘返，并且选中了一幅，画家却匆匆地用一块布把它遮盖住，并声称这幅画不卖。

从此以后，这孩子因为心病而变得憔悴；最后，他父亲出面了，表示愿意付出一笔高价。

可是，画家宁愿把这幅画挂在他画室的墙上，也不愿意出售。他阴沉着脸坐在画前，自言自语地说，"这就是我的报复。"

每天早晨，画家都要画一幅他信奉的神像，这是他表现信仰的唯一方式。可是现在，他觉得这些神像与他以前的神像日渐相异。

这使他苦恼不已，他徒然地寻找着原因。然而有一天，他惊恐地丢下手中的画，跳了起来，他刚画好的神像的眼睛，竟然是那大臣的眼睛，而嘴唇也是那么的酷似。

他把画撕碎，并且高喊："我的报复已经回报到我的头上来了！"

[书外人语] 别人可能恨你，但别人恨你不管用，除非你也恨他们，而这样你便毁灭了你自己。

一只蜘蛛和三个启示

程 良

雨后，一只蜘蛛艰难地向墙上已经支离破碎的网爬去，由于墙壁潮湿，它爬到一定的高度，就会掉下来，它一次次地向上爬，一次次地又掉下来……

第一个人看到了，他说：这只蜘蛛真愚蠢，它从旁边干燥的地方绕一下就能爬上去，我以后可不能像它那样愚蠢。于是，他变得聪明起来。

第二个人看到了，他立刻被蜘蛛屡败屡战的精神感动了，并从这里得到启示，于是，他变得坚强起来。

第三个人看到了，他叹了一口气，自言自语：我的一生不正如这只蜘蛛吗?忙忙碌碌而无所得。于是，他日渐消沉。

看的是同样一只蜘蛛，从不同的角度出发，便会得到不同的结论。这正像我们的生活，对待每一个人都是公正无私的，关键是看你用怎样的态度去面对它。

[书外人语] 心中有一个命题，眼睛就会去寻找论据。故命题的立意最为重要。

最后一课

|文 燕

一位哲学家带着他的一群学生去漫游世界，十年间，他们游历了所有的国家，拜访了所有有学问的人，现在他们回来了，个个都满腹经纶。在进城之前，哲学家在郊外的一片草地上坐了下来，对他的学生说:“十年游历，你们都已是饱学之士，现在学业就要结束了，我们上最后一课吧!”

弟子们围着哲学家坐了下来。哲学家问：现在我们坐在什么地方?弟子们答，现在我们坐在旷野里，哲学家又问，旷野里长着什么?弟子们说，旷野里长满杂草。

哲学家说，对。旷野里长满杂草。现在我想知道的是如何除掉这些杂草。弟子们非常惊愕，他们都没有想到，一直在探讨人生奥妙的哲学家，最后一课问的竟是这么简单的一个问题。

一个弟子首先开口，说:“老师，只要有铲子就够了。”哲学家点点头。

另一个弟子接着说:“用火烧也是很好的一种办法。”哲学家微笑了一下，示意下一位。

第三个弟子说:“撒上石灰就会除掉所有的杂草。”

接着讲的是第四个弟子，他说:“斩草除根，只要把根挖出来就行了。”

等弟子们都讲完了，哲学家站了起来，说:“课就上到这里了，你们回去后，按照各自的方法除去一片杂草，没除掉的，一年后，再来相聚。”

一年后，他们都来了，不过原来相聚的地方已不再是杂草丛生，它变成了一片长满谷子的庄稼地。弟子们围着谷地坐下，等待哲学家的到来，可是哲学家始终没有来。

数年后，哲学家去世，弟子们在整理他的言论时，私自在书的最后补了一章：要想除掉旷野里的杂草，方法只有一种，那就是在上面种上庄稼。同样，要想让灵魂无纷扰，唯一的方法就是用美德去占据它。

读了这个故事，谁能不佩服哲学家的伟大和学生们的聪颖，试想人生如果缺了这最后一课，即使学富五车又有多少意义呢!

[**书外人语**] 无事就会生非，没有道德信念的灵魂自然就会成为邪恶侵扰的对象。

后　记

“小中见大•智慧文丛”自2000年初问世以来，经过了漫长的时间和市场验证，已成为中国图书市场上一个优秀的图书品牌，文丛的精华选本于2003年获“第六届全国优秀少儿图书奖”，于2004年获“第十四届中国图书奖”，2005年，本文丛的繁体字版本入选香港地区“中学生好书龙虎榜”。同时，本文丛中的多篇文章被选入不同地区的华语教材，也有很多学生从本文丛中获益，他们中有黑龙江省的高考状元，有全国小学生阅读大赛一等奖得主……

“小中见大•智慧文丛”开创了一种全新的图书体例：蕴涵丰富哲理的小故事+精妙简短的评语。这类图书在编辑创意上看似简单，但尤见编者功底：一是所选故事是否格调高雅，寓意深远，文字优美；二是所作点评是否切合主旨，微言大义，对原故事有所提升，对读者有所警醒启发。确实是小中见大，要在细致处精心作文章。在广大读者心目中，“小中见大•智慧文丛”仍是他们的最爱和首选，正如第十四届中国图书奖的评审专家所说：

“该书选择精审，每一篇都有深刻的寓意，读者在阅读的同时，体验生命的豁然开朗，享受智慧的自由飞翔，颇能启人心智，发人深思。同时，所选故事又有很强的可读性，将深刻的哲理与生活意义故事情节结合起来是其最突出的特点。这样的书适合不同年龄，不同职业，不同社会阶层的读者阅读。”

这次改版，我们仍旧坚持了原书主旨和格调，入选的故事都有着健康的格调，丰富的哲理，优美的文笔，只是在篇幅的限制下，删减了一些文章。

最后，我们要感谢多年来一直关爱着我们的读者及众多朋友，是大家的支持和帮助让我们走到了今天。书中所有故事的作者，更是我们大家的良师益友，因为他们的智慧和汗水，我们才能享受到这样美妙的阅读体会。欢迎各位与我们联系并批评指正，我们的邮箱是：canglang@vip.sina.com。

感谢读者朋友在众多的图书中选择了本书，祝大家健康进步！

编　者